Encuentra tu CAMINO

MARÍA JOSÉ MARTÍNEZ ALBEROLA

Encuentra tu CAMINO

NO DEJES TU VIDA EN MANOS DE UNA ADICCION,
PORQUE SIN DARTE CUENTA, TU VIDA SE ACABA
Y LA DE LA GENTE QUE TE QUIERE TAMBIÉN

Título: *Encuentra tu camino*

© 2019, María José Martínez Alberola

Autoedición y Diseño: 2019, María José Martínez Alberola

mjmonfo@gmail.com

www.noteaferresalavidavivela.com

Primera edición: diciembre de 2019

ISBN-13: 978-84-18098-96-3

Depósito legal: TF 71-2020

Encuentra tu **CAMINO**

ESPERO QUE TE GUSTE
MI REGALO

DE: ___________________________________

PARA: _________________________________

DEDICATORIA:

____
____
____

____
____
____
____

____

"Por muchas cosas que te digan los demás, siempre tendrás la tú última palabra, de ti depende salir de esta situación y tomar las riendas de tu vida".

María José

Agradecimientos

Quiero agradecer a todas las personas que han colaborado en este libro con sus testimonios para poder ayudar a toda esa gente que ha sufrido por alguna dependencia, pero sobre todo por la gente que ha sido co-dependiente de la misma.

Quiero agradecerte a ti querid@ lector/a el que hayas adquirido este libro, ya que lo escribo con todo mi corazón para ti. No sé si este libro será exactamente para ti, pero estoy segura que conocerás a alguien que haya pasado por esta dependencia. Si conoces a alguien que haya sufrido de una forma u otra tanto activa como pasiva por alguna de las adicciones, te invito a que les aconsejes en adquirir este libro ya que de alguna forma se sentirán identificad@s y podrás ayudarle.

Quiero dar las gracias a mis padres por el gran apoyo que me han dado con mis tres libros. Por acompañarme en cada momento y cada paso realizado. Os amo.

Agradezco a todas las personas que han confiado en mí y en todas las que me motivaron, porque confiaron en mí antes que yo misma, ellas me indicaron el camino para poder hoy ayudarte a que te liberes de esa dependencia.

Doy gracias a mi hijo, por estar a mi lado en cada palabra escrita de mi trilogía, te amo.

Y millones de gracias a ti Laín García Calvo por haber entrado en mi vida cuando estaba rota. Cuando me dolió lo suficiente fue cuando te pusiste en mi camino y me ayudaste a salir con tus enseñanzas. Hoy soy escritora gracias a ti y lanzo mi mensaje para todo aquel que lo necesite. Te amo.

Testimonios del libro y la autora

"En el libro **Encuentra tu CAMINO,** María José nos conduce a un profundo análisis acerca de los riesgos y consecuencias a las que te pueden arrastrar las adicciones, así como a descubrir de donde puede estar generándose una adicción para tomar conciencia y actuar a tiempo en favor de nuestra salud física y emocional. Un libro que no puedes dejar de leer"

Bea Sansores, autora de la Trilogía: **Divina Locura**

"A través de este fabuloso libro, vas a descubrir las barreras mentales que tienen las personas que sufre una adicción, si en este momento sufres alguna clase de adicción no te puedes perder cada una de estas páginas que te van a llevar a tomar el control de tu vida y ser libre para siempre".

Sandra B. González, autora de la Trilogía
"El diario de una princesa

"Si tienes algún tipo de dependencia o adicción, este libro te va a ayudar a encontrar cuáles son tus motivos más profundos. Un libro que te sumerge en tu interior analizando y haciéndote entender porque te pasa todo eso y como combatirlo eficazmente."

César Vázquez Yáñez, policía local y autor de la trilogía
"Haz Historia con tu oposición".

"Con esta trilogía, **"No te aferres a la vida ¡VÍVELA!"**, vas a ampliar tus conocimientos acerca de las drogas que provocan adicción, como así también, vas a poder identificar si te encuentras en situación de adicto o si tienes a alguien en ella. Una saga que te brinda herramientas y despierta tu consciencia para que puedas hacerte cargo de esa adicción que tienes y salir de ella o ayudar a los demás a hacerlo. Léelo. no tiene desperdicio."

Patricia Strólogo Autora Trilogía del Amor "Eres Luciérnaga"

En este libro encontrarás una visión que te aportará muchas herramientas para cuidarte ante alguna adicción y a identificar si estás en el papel de co-dependiente. Te puedes sentir identificado en muchas situaciones donde María José de forma excelente te da unas claves que pueden ayudarte a salir de esa dependencia que destruye y no deja vivir en libertad. Muchas gracias.

LOURDES CABALLERO, autora de **LA LLAVE DE TU TESORO.**

A veces nos encontramos con personas que sufren algún tipo de adicción. Este libro te ayudará a entenderlos mejor, pero sobre todo a las personas que hay alrededor de ellos porque son los que inconscientemente sufren la consecuencia de esa adicción y a poder gestionar todos esos sentimientos.

Gracias María José Martínez, por este Fantástico Libro.

Alcirema Castillo Autora de la Trilogía El *Corazón de Antonia*

Las páginas de este libro te indican de manera clara y sencilla la forma de identificar aquellos actos nocivos que te atan a la involución en tu vida. Es importante que tengas consciencia y valor para enfrentarte a las consecuencias de lo anterior y María José te ayudará con ello. ¡Gracias María por tu aportación hacia los demás!

Diana Rodríguez, Lic. en Admon de empresas,
Querétaro, México.

María José, me ha maravillado tu manera de transmitir me has entrado en mí y me sentí identificada en la relación con adicciones, pasó con el padre de mis hijos. Tu manera sencilla desde el amor es una gran ayuda para salir de la situación. Lo Recomiendo. Tu trilogía es un gran trabajo, enhorabuena.

Ana María Comes Moreno.

María José maravilloso todo lo que explicas acerca de la dependencia en las adicciones, yo vi en mi familia a mi tío como estaba de destrozado por el alcohol, porque bebía para olvidar y al final terminó olvidándose a él mismo. Todo lo que dices es completamente cierto y te agradezco por hacerme recordar y tomar consciencia de que siempre hay algo mejor para no caer en algún tipo de adicción. Gracias gracias gracias por este hermoso libro muchas ¡bendiciones!

CRISTINA NUÑEZ

María José, tengo la adicción al cigarrillo y siempre digo que lo dejaré. Esto fomenta mi ansiedad y no tomo en cuenta a mis seres queridos que tanto se afligen al verme fumar tanto. Pero tus palabras me hicieron reflexionar acerca del daño que les causa este hábito, tanto a mi cuerpo, a mis emociones y a mi hija sobretodo. Es un buen libro para tomar conciencia. Felicitaciones.

Rogelio Gangemi

ÍNDICE

Introducción: 21

Mi historia personal 23

¿Qué me voy a encontrar en este libro...? 25

Empezamos. 31

La dependencia en las adicciones 33

El co-adicto 37

Tipos de adicción. 59

    Tabaco. 61

    Drogas 69

    Alcohol 85

    Sexo 99

    Ludopatía. 113

    Otras adicciones 139

¿Cómo puedo ayudarte? 153

Resumen 181

Una cosa más antes de acabar. 193

Introducción:

Amado lector y amada lectora,

En primer lugar, quiero agradecerte la confianza que has depositado en mí, al adquirir este libro.

Mi propósito es, que en cada palabra y en cada frase que escribo en este libro, puedas sentirlas y te lleguen al alma. Ya que lo escribo con todo mi corazón para ti.

En las próximas líneas voy a contarte experiencias de personas que me han dado su consentimiento para compartir contigo, además de las mías propias, que yo he vivido. Voy a ponerte muchos ejemplos y fábulas para reflexionar sobre ello.

Mi intención no es atacarte ni que te sientas atacad@, mi verdadera intención es que puedas empatizar con lo que voy a contarte y si te sientes en algún momento identificad@, puedas meditar sobre el tema relacionado.

Como en mi primer libro, **No te aferres a la vida ¡VI-VELA!** Me vas a permitir que para generalizar utilice el símbolo @.

No quiero excluir a nadie en esta lectura y me gusta que me lea todo el mundo sin importar el género, y no deseo que nadie se sienta ofendid@, en este momento es lo que me parece correcto.

¡ASI QUE SIN MAS….

Nos vemos en las siguientes páginas.

Gracias, gracias, gracias. Te amo. María José.

Mi historia personal

Hola soy María José la autora de la trilogía **No te aferres a la vida ¡VÍVELA!** Tengo 38 años soy de un pueblo de Alicante y esta es mi historia personal.

Aunque siempre me he identificado como una persona fuerte y segura de sí misma, llegó un momento en mi vida que, por mi dependencia emocional afectiva, me vi atrapada y no era consciente de ella.

Todo eso me llevó a crear en mí misma, una situación grave, en la que poco a poco se hizo un círculo vicioso en varias áreas de mi vida, cómo te conté en el primer libro, muchos capítulos de mi vida.

Otro de mis capítulos, es que tuve una relación en la que mi pareja consumía cocaína y me vi en una situación muy importante en la que no supe salir porque creía que yo era la persona que lo iba a salvar y dependía de esa creencia y me vi involucrada en muchas de sus acciones.

Aunque quiero decir, que soy totalmente responsable de todo lo que he vivido, y de ahí muchos aprendizajes de esta vida, es de donde vino mi transformación.

¿Qué me voy a encontrar en este libro...?

En este libro te vas a encontrar todo tipo de adicciones de los que yo gracias a Dios no he vivido consumiendo, pero si pasivamente, en los que me he visto alrededor de personas que tenían esas adicciones y las que he vivido al tener personas a mi alrededor que las sufrían, y me gustaría darte mi opinión sobre eso aparte de sus propios relatos y testimonios.

Me gustaría que empatizaras con las reflexiones que te comparto y si en algún momento te ves involucrad@ o te identificas con alguna de las áreas no dudes en hacer los ejercicios que te que te explico para que puedas salir de esa dependencia en esa adicción y vuelvas a tener una vida sana, saludable y sobre todo con un futuro prometedor.

En este libro, quiero demostrarte que las personas que tienen adicciones sí pueden salir de ellas. **Con perseverancia todo se logra,** voy a darte unas pautas y consejos para que puedas decidir por ti mism@ si quieres continuar con esa vida o construir un futuro diferente, pero eso sí, mucho más prometedor. Me gustaría enseñarte una nueva forma de vivir sin tener que depender de una adicción.

Quiero dejar claro que este libro lo escribo también por mí, por la dependencia que tuve en algún momento, con personas de mi entorno que tuvieron una adicción. No quiero que te sientas ofendid@, ya que esto forma parte de mi transformación, en la parte de co-adicto, reconozco que soy totalmente responsable de lo que he permitido que ocurriera en mi vida.

Aquí te cuento varios capítulos de la vida de muchas personas, con el propósito de que tú puedas ver por todo lo que puede pasar una persona que te quiere y que solo intenta ayudarte.

He tenido, desde alguna pareja, hasta familiares y amigos, y si te sientes identificad@, ya es hora de cambiar ese patrón y que nuestra nueva generación vaya sanando todo ese karma. El mío ¿y por qué no los tuyos?

En mis historias quiero dejar claro que mis vivencias, me hago totalmente responsable de todo, sé que puede herir la sensibilidad de la persona que sabe que ha estado a mi alrededor, pero ha sido mi sufrimiento durante todos estos años y también gracias a eso mi transformación personal, porque seguramente sin estas enseñanzas, hoy no sería yo la persona que soy.

Por otra parte, también quiero añadir qué hay personas a mi alrededor que han querido colaborar para que puedas ver y puedas informarte y reflexionar sobre los problemas que han llegado a tener sobre ciertas adicciones y las causas que han tenido que pasar por estas dependencias, simplemente es una orientación para que tú seas consciente de lo que te puede causar cualquier tipo de adicciones.

Y quiero indicar que las historias son totalmente reales pero los nombres, me vas a permitir que los cambie, porque las personas que me lo cuentan quieren mantener su anonimato.

En este libro te vas a encontrar varios ejemplos de adicciones en los cuales voy a explicar a qué se refie-

re cada tipo y pondré unos ejemplos en los que haré referencia de alguna metáfora para que reflexiones sobre ella.

Las adicciones, hay veces que nos pensamos que no son graves y son todo lo contrario, cuanto menos parezca que lo sean más graves son, es decir, que por ejemplo el tabaco es una de las cosas que se ven normalmente, que está legalizada pero la gente es muy adicta y cuesta mucho salir de ahí, te pongo este ejemplo que es el más corriente, pero hay muchísimos más y no nos damos cuenta de ello.

Sin más mi querid@ lector/a…

Una cosa más,

En estas páginas hago referencia a historias de personas que han querido colaborar contando su experiencia con las adicciones. He añadido algunas historias de algún famoso, éstas historias están ya publicadas y las he añadido como ejemplo.

Podrás reflexionar con las metáforas añadidas y realizar las pautas que te aconsejo en este libro.

Espero sinceramente que disfrutes de tu lectura.

Empezamos....

Como sabes mi nombre es María José, y soy de un pueblo de Alicante.

Vengo de una familia humilde y muy trabajadora tengo una hermana y un hermano, los dos menores que yo. Y he de decir que estoy muy orgullosa de pertenecer a la familia que tengo.

Estoy realmente nerviosa por empezar este libro contigo, donde sé que vas a empatizar con cada palabra que he escrito para ti. Mi deseo es que disfrutes de esta enseñanza y veas la cosas desde un punto diferente que hasta ahora has tenido.

He dedicado muchas horas a la lectura, al aprendizaje y sobre todo a buscar el mejor mentor para desarrollarme y poder transmitirte todo lo que vas a poder aprender.

Estoy feliz de saber que estás leyendo estas líneas que he escrito para ti desde el alma, sabiendo que me escucharás hasta el final.

Este libro lo hago tanto para una persona que pueda tener algún tipo de adicción, como para la persona que está a su lado y/o conozca a alguien que tenga esa dependencia.

¡Gracias por acompañarme! Te amo.

LA DEPENDENCIA EN LAS ADICCIONES

Según los estudios, en España más de un 20% de la población sufre alguna dependencia en alguna adicción. No nos olvidemos de las sustancias más importantes que son el tabaquismo y el alcohol.

Los niños comienzan a ver esas sustancias por sus padres y/o familiares, ya que crecen viendo como lo ingieren. Y muchas veces, no puedes dar un consejo cuando tú estás tomando esa sustancia, la mejor forma de dar ejemplo es dejarla y decirle a tu hij@ a que niveles de ansiedad te puede llevar si se decide a consumirlo.

Más adelante veremos varios tipos de adicciones y te hablaré sobre cada una de ellas.

No me gustaría que te sintieras atacad@ en ningún momento, simplemente puedo decirte que en lo que llevo vivido, he conocido y conozco a personas con las diferentes adicciones de las que te voy a hablar en este libro, y voy a contarte como las puede sufrir la persona que tienes al lado sin tú darte cuenta de ello.

Como ya sabes, la adicción es algo que una persona no puede controlar, muchas veces pensamos que sí las controlamos, y más tarde, es cuando nos vemos perdid@s, en esa situación y no sabemos cómo salir de ella.

Hay veces que las personas son conscientes y dan el primer paso, que es **reconocer que tienen un problema**, y luego están las personas que siguen diciendo que ellos están bien y que controlan, que eso no va a estropear su vida y luego vienen las lamentaciones, cuando pierden a toda la familia o parte de ella y/o simplemente contraen una enfermedad porque nunca piensan que les puede tocar a ell@s.

Una persona que tiene una dependencia en una adicción es cuando no sabe controlar el consumo de cualquier sustancia.

Muchas veces creemos que somos capaces de tener el control de todo lo que tomamos ya sea, alcohol, drogas, medicamentos, juegos, etc…y podemos perderlo de una manera en la que no te des ni cuenta, y eso puede ser debido a varias causas.

Aquí te muestro alguna de ellas…

- Malas compañías
- Baja autoestima
- La pérdida de un familiar
- Problemas familiares
- Depresión
- Ansiedad
- Se siente incapaz de pedir ayuda
- Le cuesta mucho resolver problemas

Malas compañías: Las compañías son muy importantes a la hora de caer en una adicción, también es muy importante nuestro estado emocional y nuestro sentido común.

Baja autoestima: nuestra autoestima influye mucho a la hora de caer en una dependencia adictiva, el estar triste o sentirte que no sirves para nada es muy peligroso para esta situación.

La pérdida de una familiar: Existen personas que no superan la pérdida de un familiar y una depresión por esta causa, puede llevarle al consumo de drogas, alcohol o ser adict@ a los medicamentos, entre otras…

Problemas familiares: Los problemas con los familiares puede ser una causa donde puedes sentirte perdid@ y sol@, de ahí que busques esas malas compañías que pueden llevarte a consumir cualquier tipo de sustancia.

Depresión: Esto puede ser un círculo vicioso, entras en depresión y comienzas a sentirte bien cuando pruebas el alcohol, medicamentos o cualquier otra sustancia. Pero al sentirte bien sigues ingiriendo y sin darte cuenta estas cayendo en ese círculo vicioso, que ya no sabes de donde viene ese mal estar.

Ansiedad: La ansiedad al igual que la depresión puede causarte ese círculo vicioso en donde no sabrás como salir de ella, porque tus emociones se confundirán y esto puede ser muy peligroso si no te das cuenta de ello.

Yo era fumadora y sufría de ansiedad, el fumar me calmaba, pero después sentía más ansiedad, estuve unos años en los que creía que el tabaco me ayudaba a controlar dicha ansiedad, y lo que no me daba cuenta es que entré en un círculo vicioso, donde generaba ansiedad por las dos partes. Finalmente me di cuenta de ello y con mucha fuerza de voluntad me lo dejé, y ahora puedo decirte que esa ansiedad con el tiempo desapareció.

Hay veces que creemos que cualquier sustancia que tomemos puede ayudarnos, y así lo notarás al principio, eso puede aliviarte en el momento, pero esa emoción, ese dolor, esa sensación, debes de sanarla desde tu interior.

La mente es muy sabia y cuando piensas que te ayuda con un buen consejo lo único que hace es protegerte para que no hagas algo nuevo de lo que ella no está acostumbrada. Tu sabes que **en tu interior tienes una voz que te está diciendo todo lo que estás haciendo mal,** pero decides no escucharla y prefieres hacer caso a tu mente porque esas ideas te parecen más lógicas para ti en ese momento. En las próximas paginas te iré contando como evitar escuchar a tu mente y empezar a escuchar esa voz interior de la que te hablo. Si empiezas a realizar las pautas que te aconsejo en las próximas líneas, poco a poco te iras dando cuenta de esa adicción y podrás empezar a dejarla por tu propia voluntad.

EL CO-ADICTO

El co-adicto es la persona que pasa por una situación donde su pareja o alguien de su familia, de su entorno más cercano está pasando por una adicción, puedo decirte que el 90% de los casos es totalmente un infierno ya que el otro 10% seguramente se desapegará del problema y no querrá saber nada de ellos.

La palabra co, proviene del latín y significa" con" la persona que es co-dependiente de alguien, es una persona que deja toda su vida en general, solamente para dedicarse a estar con su amig@, familiar o pareja que es dependiente en alguna adicción, se hacen totalmente responsables de ellos y no ven más allá que intentar sacarlos de donde están metid@s.

Una persona que tiene un/a amig@ o pareja con alguna adicción, y decide ayudarle a salir de ahí, se vuelca totalmente a él/ella para dar todo de sí, y ayudarle a que no tome sustancias, alcohol, juegue…según la adicción que padezca.

Puede ser muy duro para esta persona que está al lado de un adicto, pero esa misma, seguirá al lado del dependiente porque lo excusará de sus agresiones, gritos, rabia, digamos "el mono" que padecen cuando están intentando salir de ahí. No solamente lo excusará, también se defenderá si alguien intenta avisarle para que deje de ayudarle, simplemente porque está perjudicándose a si mism@, la persona que es co-adicta defenderá como haga falta su manera de actuar con el adicto.

Muchas veces no somos conscientes de las cosas que llegamos a soportar, simplemente porque se nos mete en la cabeza que nosotr@s podemos ayudar a una persona. Cuando llegamos a ese punto, no somos capaces de ver, todo lo que se llega a soportar. Y en muchos de los casos, se llega a alejarse de otros amig@s, familiares, etc…

"No dejes que la adicción de una persona cambie tu vida y perjudique tu autoestima. Debes de ser valiente, más si no quiere ayuda, lo mejor es dejarlo".

María José.

Paola nos cuenta su historia con una de sus parejas en donde él era adicto al alcohol.

Conocí a un chico cuando menos lo esperaba, la verdad es que fue algo mágico nos miramos a los ojos y descubrimos que había algo entre nosotros. Nos buscábamos con la mirada, yo estaba centrada en mi trabajo y la verdad no tenia en mis pensamientos comenzar una relación, empezamos a quedar, y poco a poco la relación se fue haciendo más seria.

A los pocos meses el discutió con su madre por qué se metió con mi forma de ser, y mi pareja decidió irse de casa. Me hizo saber que se había ido por defenderme y que lo más normal es que yo me fuese con él a vivir, yo me sentía feliz por lo que había dicho (me refiero a que me había defendido), pero a la misma vez sentía miedo de irme de casa mis padres porque nunca antes lo había hecho.

Siempre me había dedicado a mi trabajo, me iba con mis amigas, pero nunca había dejado de vivir en casa de mis padres y era un paso muy serio que yo siempre me había imaginado hacerlo de otra forma. Siempre había soñado en llegar al altar con una persona, ese día tan especial que mucha gente sueña. Pero no fue mi caso.

Nos fuimos a vivir juntos y aunque fue un poco precipitado yo estaba feliz, había dado un paso más a mi relación y me sentía más adulta, me sentía más madura, más responsable de mis actos y sobre todo, feliz porque estaba con una persona que me quería.

El primer año de convivencia, fue fantástico, salíamos con l@s amig@s, la convivencia era perfecta. Con sus padres era menos pero también se podía llevar.

Al año y medio de estar viviendo juntos, empecé a notar cosas raras en él, su comportamiento empezó a cambiar, quería estar más tiempo solo, me mentía, perdía dinero, (él cobraba todas las semanas, pero muchas de ellas perdía el sobre),a veces, llegaba tarde del trabajo y siempre notaba que había bebido, pero no lo hacía en exceso, y además, decía que se juntaba con un compañero del trabajo después de salir, yo con el dinero le decía que era muy despistado ¿cómo una persona podía ser tan despistada?

Empecé a pensar que tenía otra, tal fue mi obsesión que cuando llegaba a mi casa miraba hasta por debajo de las camas, por dentro de los armarios, había veces que hasta la ropa interior pensaba que no era mía, sino de otra persona, en realidad no fue así, pero mi mente me traicionaba y no sabía lo que ocurría en realidad. Comencé a mirarle el teléfono, a preguntar y muchas veces hasta lo vigilaba para saber si era cierto que iba donde me decía. Me obsesioné de una manera excesiva.

Estando en casa, un día tranquilamente a la hora de comer, me dijo que no quería seguir conmigo, que no me quería, sus palabras me hirieron mucho y fue cuando entendí que, si había otra persona, aunque él siempre me lo negaba, pero yo no encontraba otra explicación. Me fui a casa de mis padres, y a los dos o tres días recibí la llamada de un familiar de Juan y me preguntó si mis suegros en algún momento me habían dicho que Juan había estado en un centro de desintoxicación, ya que había tenido problemas con el alcohol, mi respuesta es evidente que fue negativa.

En ese momento sentí un alivio de saber que nunca me había sido infiel, me sentí aliviada, de saber que no me había engañado con otra. Estuvimos hablando y me pidió perdón, volvimos de nuevo y yo le dije que iba a ayudarlo.

Al principio todo fue genial, el hacía caso a todo lo que el médico decía, iba todas las semanas al control que le hacían, pero se cansó muy pronto. Cuando empezó a encontrarse mejor, decidió dejar de ir al centro, ya que podía controlarlo y sabía que ya no lo iba a hacer más, aun así, el médico me dijo que lo controlara. Yo lo intentaba, pero se le hizo un carácter demasiado fuerte y a veces me asustaba

A lo largo de mi relación he vivido unas cuantas fases de su embriaguez, me quedé embarazada, y creía que al ser papa él iba a cambiar, pero no fue así. Todo el tiempo que estuve con él no le importaba irse los fines de semana y dejarme en casa con nuestra hija y venir de madrugada. Al día siguiente no había quien lo soportara.

Yo sentía que lo quería, pero dentro de mí, algo me decía que ese sentimiento ya no era como antes, no quería escucharlo, y seguía intentando ayudarle. Pero él era egoísta, solo pensaba en él.

Había días en los que pasábamos juntos y estaba de buen humor, y eso a mí me hacía olvidar todos los demás.

Pero cuando abres los ojos y empiezas a pensar en lo que va a ser de tu vida los próximos años, es cuando te das cuenta de donde estás metida. Me daba pena dejarlo porque yo creía que lo quería, pero sinceramente ya no era así. El amor se murió en todos esos años y lo único que había era obsesión por ayudarlo.

Tomé la decisión de irme y aunque fue una dura despedida, fue la mejor decisión que tomé en muchos años. Seguramente si hubiésemos seguido, hubiese acabado de una forma peor, ya que no faltaban los gritos, los insultos y las amenazas de golpear. Nunca lo hizo, aunque si me levantaba la mano.

Hoy tengo una vida diferente, encontré un hombre sano, que no tiene ninguna adicción, soy feliz con él y con mi hija. Él, al separarnos entró en razón, y aunque me insistió en volver con él, no lo hice. Le ofrecí mi amistad para ayudarlo, pero nada más, teníamos una niña en común y eso nos enlaza toda la vida.

El reconoció el problema que tenía, y fue cuando empezó de nuevo la terapia. Ahora es otra persona diferente.

Espero que te sirva m,i testimonio y te ayude.

Paola.

Si eres una persona la cual tienes una adicción, déjame decirte que debes valorar a la persona que tienes a tu lado intentando ayudarte, ella está dejando sus prioridades porque en este momento no existe otra prioridad más que tú, e intenta ayudarte a que salgas de donde estés.

Salir de ahí es posible, siempre y cuando tu pongas de tu parte, no es solo parte de la persona que está a tu lado para ayudarte, sino que **toda la responsabilidad es tuya,** lo único que te vuelves egoísta y crees que puedes hacer o decir a la persona que tienes a tu lado todo lo que se te antoje.

Estos son algunos síntomas de personas co-dependientes.

- Su prioridad es la persona a la que quiere ayudar, sin importar su propio bienestar.

- Se siente responsable de tener que ayudarlo y sacarlo de esa dependencia.

- Se vuelcan hacia esa persona y esto puede llegar a una obsesión por ayudarlo

- Hacen más de lo que les corresponden

- Cuando aman a una persona dependiente, soportan demasiadas cosas, como gritos, humillaciones, agresiones...pero creen que forma parte de la ayuda y se excusan con ello.

Estas personas, al principio de la ayuda, se vuelcan totalmente, pero poco a poco su autoestima va cambiando. Algunas, las más fuertes acaban dejando al dependiente para poder vivir una forma más tranquila por mucho que les duela ver a esa persona enferma. Pero hay otras que se dejan la piel por ayudarla, y cuando digo que se deja la piel, es que literalmente es así.

Poco a poco su autoestima va cambiando, pero a peor, la van perdiendo a raíz del comportamiento del dependiente, sus insultos, sus humillaciones, sus gritos, amenazas…

Cuando estás enamorad@, intentas todo por ayudar, pero ese amor va cambiando y se va convirtiendo en lástima.

Es como el caso que te contaba más arriba de Paola, estaba tan enamorada de su pareja, que hizo todo lo posible por ayudarle, y aún se sentía culpable por haber pensado que le era infiel. Se alejó de su familia, de sus amistades, solo por ayudarle, y este solo hacía que gastar dinero, humillarla, le gritaba entre otras cosas, las compañías también consumían alcohol, dicen que vibraciones similares vibran juntas, y esto es muy cierto.

Si lo analizas, **cada persona tendemos a acabar al lado de otras que tienen los mismos pensamientos o similares, y sentimientos y/o emociones.**

Paola duró muchos años al lado de su pareja, mientras quería creer que seguía enamorada de Juan, hasta que comprendió que eso ya no era amor, que se estaba destruyendo solo por ayudar a una persona que se había hecho cómoda y no quería salir de ahí, o por lo menos no era su momento, entonces reconoció que lo único que sentía era lástima por él.

Aunque puedo decirte que todos los años que estuvo soportando barbaridades, al separarse le vinieron todas las emociones juntas a la vez, le provocó un bloqueo en el cual no confió en ningún hombre por unos cuantos años.

Si tienes este libro entre tus manos no es por ca-

sualidad, sino por **causalidad.** ¿Has oído hablar de esta palabra? Yo tampoco la había escuchado hasta que comencé a estudiar la saga de un gran escritor el cual es mi mentor. Te hablaré de él en las siguientes páginas.

Causalidad: Relación de causa y efecto. RAE

La palabra causalidad, no debes de confundirla con la de casualidad, ya que está relacionada a algo que no se puede prever ni evitar, y la causalidad ocurre por una causa. siempre hay alguna razón por la que te puede venir algo y todo eso es por una causa para tu propio aprendizaje, solo debes de estar atent@ a las señales, para poder ver lo que te está enseñando el universo, Dios o como tú quieras llamarlo.

No quiero entrar en religiones ni nada por el estilo, sé que hay algo que nos guía y esa energía forma parte del todo, yo lo llamo Dios y me gusta creer en él, tu puedes sentirlo de la forma en la que tú te sientas más comod@ y llamarlo como tu creas que debes hacerlo. Siempre que te de ese estado de FE.

Mi propósito con este libro, es que abras los ojos y en cada palabra reflexiones sobre ello, y anotes en un papel todo lo que te va viniendo a la mente. Aunque sean insultos, aunque sea rabia, más tarde volverás a leer y volverás a pensar otra cosa diferente.

Simplemente quiero que tu cerebro empiece a expulsar toxinas de las que tienes y no te dejan ver las cosas como en realidad son.

Seguramente sientes que todo el mundo va en contra tuya, que no te comprenden, tú estás bien y lo controlas todo, solo hacen que agobiarte, y controlarte de tal forma que no te dejan vivir. Muchas veces, solo tienes ganas de quitarte del medio y desaparecer, lo único que quieres es que te dejen en paz y discutes con ellos, no hay forma que te dejen de agobiar.

Déjame decirte que, con esa actitud, vas a conseguir todo lo contrario. Cuando a una madre la amenazas diciendo que te vas a quitar la vida, tu madre no te va a dejar, porque es la que te la dio. L@s únic@s que en realidad pueden llegar a dejarte son tus amig@s.

Cuando una persona tiene una adicción no es consciente del daño que puede sufrir la persona que tiene al lado, la persona dependiente se siente atacada, controlada y se pone furiosa y llena de rabia por ello. Lo que no sabes es que esa persona, ya sea un/a amig@, tu pareja, o familiar, poco a poco su autoestima la va dejando solo por ayudarte a ti, si una persona es fuerte lo que hará será dejarte y/o aconsejarte que vayas a un centro, pero normalmente, cuando amas a alguna persona adicta, intentas sacarlo de ahí a como dé lugar.

¿Y tú? ¿hasta cuándo vas a estar así? ¿no te has dado cuenta que esa vida que llevas te está matando, y poco a poco vas dejando a tu familia y a todos lo que te quieren de lado? ¿cuantas veces has llorado desolado sin que nadie te viera, porque no sabías que te sucedía? Seguramente sea de lo mismo, tu mente está cansada y tu alma destrozada, debes de recapacitar y dejar de un lado todo aquello que te hace daño.

El adicto no puede dejar aquello que le produce placer, ya que es la única forma que ha encontrado para satisfacer esa emoción. No te centres solo ahí, hay muchas formas de disfrutar y de crecer tu autoestima, y no se trata de ninguna sustancia, sino de reacondicionar tu mente para encontrar ese equilibrio que necesitas. No te mientas a ti mism@ ya que lo único que harás es causar pena a los de tu alrededor, y lo único que vas a conseguir es que poco a poco te dejen por imposible. Tus padres, tus amig@s, en fin, todo aquel con el que te rodeas. Y hasta esa persona que hace lo imposible por estar a tu lado para ayudarte.

A veces estarás muy seguro de encontrar siempre a las personas cuando necesites dinero, o desahogarte, pero todo cansa, siento decirte estas palabras, conozco muchas personas a las que he Intentado ayudar, amigos, una pareja que tuve, familiares… al principio ponen de su parte, hasta ponen interés por salir de esa situación, te llaman y poco a poco vas viendo como los ves seguros de haber salido de ahí. Yo al principio me lo creía, y me sentía feliz. Luego me enteraba de sus recaídas. Solamente me estaban engañando, todo era una fachada en la que te hacen pensar que no están tomando ninguna sustancia o haciendo aquello a lo que es adict@. Me lo creía, porque su aspecto cambiaba, y los ves tan segur@s de ell@s mism@s, que no te queda otra de reconocer que se están curando. Pero el engaño te hace sentirte una persona utilizada, alguien que se han reído de ti, engañada…se te quitan las ganas de seguir adelante, dando consejos y acompañando a lugares de terapia, escuchando como se siente una persona que se encuentra mal, y en ese momento crees que todo es mentira. Ya dudas de cualquier cosa que te diga.

Seguramente te suenen estas palabras, y a parte de todo esto, tu reacción será de enfado. ¿crees que llevas razón?

¿Cuántas veces han intentado ayudarte?

¿Cuántas veces has mentido a la persona que te ha estado ayudando?

¿Crees que llevas razón cuando te enfadas con esa persona que intentó ayudarte y ahora ya no?

¿No crees que esa persona también necesita hacer su vida?

No seas egoísta y reconoce todo lo que has estado haciendo hasta ahora.

- Cuando te han llamado por preocuparse por ti y tu solo has hecho que mentir.

- Cuando se preocupan por ti.

- Cuando llamas a esa persona y resulta que en realidad te has ido de fiesta a escondidas.

- Cuando dejan sus vidas solo por acompañarte en cada momento que necesitas.

¿Qué es lo que quieres de esa persona?

Estas palabras te las digo para que te conciencies de lo que ocurre en realidad, y reconozcas muchas cosas de las que has estado haciendo. Seguramente serán muchas más, pero lo importante es que te des cuenta de todo lo que te acabo de decir. Y sobre todo que puedas ver el daño que puede estar sufriendo esa persona que te quiere, tu madre, tu padre, tus herman@s, tu pareja…

¿Por qué no empiezas a elegir otro camino y comienzas una nueva vida, Llena de éxitos y bendiciones donde no existen las adicciones?

Deja de mentir porque te estas mintiendo a ti mism@, piensa que tu mente quiere protegerte y tú le has dado mucho protagonismo, entonces por eso te domina. **Controla tus emociones o serán ellas las que se adueñen de tu vida.** No te dejes engañar por esos impulsos y **comienza a escuchar esa voz que sale de tu interior**, esa es tu alma que te está advirtiendo que cambies. ¿Cómo puedes saber cuándo tu alma te está hablando?

Si te detienes un momento para ver que está pasando en tu interior, empezarás a ver cosas que antes no veías, comenzarás a ver señales que te avisan, ya sea por mensajes, carteles que lees en ese momento, o una conversación de alguien que esté diciendo en ese momento las palabras que necesitabas oír, solo tienes que prestar atención. Cuando decidas hacer un cambio, o quieras tomar una decisión, si tienes dudas es tu mente la que te habla, ya que ella siempre tiene miedo a lo desconocido. Pero si tienes miedo, esa es tu alma, la que te está hablando ella sentirá miedo, pero nunca dudará. Ahora te parecerá difícil, pero te aseguro que con la práctica llegarás a saber quién te habla en cada momento.

"Controla tus emociones o serán ellas las que se adueñen de tu vida".

El co-adicto: recuerda que, si eres una persona que estás intentando ayudar a alguien que tiene una adicción, no estás obligad@ a ello... **no eres esclav@ de nadie, y no tienes por qué dejar tu vida para entregarle todo el tiempo a esa persona**. Debes de tener los pies en la tierra para saber en cada momento que está pasando.

Aunque sea tu hij@, tu herman@, tu amig@, tú tienes que hacer tu vida, si le das todo se acostumbrará, y te utilizará para conseguir salirse con la suya. Y **tú eres la única persona responsable de todo lo que te pase, si tú no te respetas, nadie lo hará por ti.**

Una persona adicta, si no está preparada, por mucho que lo intentes no conseguirás nada. Intenta ayudarl@, eso sí, pero no tienes que obligar a nadie. Tienes dos opciones, o sigues detrás de esa persona, detrás de ella para intentar que deje algo que todavía no quiere, o lo dejas tú, te marchas y comienzas una nueva vida. Siempre puedes ayudarl@, pero de una forma diferente. Por esto que te acabo de decir no eres egoísta ni mucho menos, que no te limiten las personas, **cada uno elige el camino para ser feliz y tú debes de elegir el tuyo**, muchas veces nos equivocamos, pero esto forma parte del aprendizaje.

Nada tiene sentido excepto el que tú le das. Pensamos más de la cuenta y no nos debe preocupar la opinión de los demás. En mi primer libro **No te aferres a la vida, ¡VIVELA!** Te hablo de la dependencia emocional, si no lo has leído, te lo recomiendo, habla sobre la dependencia emocional y como muchas veces dejamos nuestra vida en manos de otra gente, por creer que no somos capaces de dirigirla nosotr@s mism@s. Es tu vida y aunque te equivoques, nada debe de condicionarte, **si te equivocas vuelves a empezar las veces que haga falta.**

Yo he estado al lado de una persona que no me trataba bien, a lo último de nuestra relación, me humillaba, me despreciaba, no teníamos relaciones durante muchos meses y, aun así, ahí estaba yo, intentando ayudarle a salir de esa dependencia. Hasta que comprendí que yo no soy María Teresa de Calcuta para curar a nadie, puedo ayudarlo, pero no arrastrarme por nada ni por nadie, y mucho menos dejar de vivir por salvar algo que ya no existía.

Y la adicción no sé si se habrá liberado de ella, pero cuando estuvo conmigo no era su momento, y seguramente de tanto insistir e ir detrás de él, para que lo dejara, hice que la balanza se diera la vuelta y obtuve todo lo contrario, esto es por la **ley de la polaridad**.

Haz los ejercicios que te recomiendo en este libro, ya que podrán ayudarte a salir de esa dependencia igual que me ayudo a mí.

Quiero hablarte del cuadro mágico, en un cuadro, o marco o una cartulina, como prefieras hacerlo, ponle la palabra mágica para que esa energía se convierta en eso…MAGIA. Llénala de cosas que te gustaría hacer y/o tener en esta vida, el coche que deseas, el trabajo, ese viaje que no has hecho, el amor de la familia, no te limites a poner sueños en tu cuadro mágico, si tienes sueños, ellos te ayudarán a salir de ese estado que te limita. Lucha por tus sueños y no dejes que la gente te limite, por mucho que te digan que no se puede, ¿sabes todo lo que ha conseguido la gente que no creían en ellos?

Michael jordan, antes de convertirse en uno de los mejores jugadores de básquet, fue rechazado por el equipo de su escuela. Y eso no le limitó, siguió hacia adelante para cumplir sus sueños.

J.K Rowling es una escritora inglesa, la autora de la saga Harry Potter, era madre soltera y solicitaba ayudas al gobierno para poder vivir. Su primer libro fue vendido alrededor de 4mil dorares, más tarde se convirtió en una de las mujeres más ricas del mundo.

Los Beatles antes de lograr la fama, consiguieron un contrato con la productora Decca Recording, que grabó 15 de sus mejores canciones. Pero los productores no quedaron muy complacidos y les dijeron: no nos gusta como suenan, no tiene futuro en la música.

Dr.Seuss el escritor y caricaturista estadounidense Theodor Seuss, publicó más de 60 libros para niños en su vida, como El Grinch. Con su primer libro fue rechazado por más de 27 editoriales, pero nunca se rindió, buscó la manera de seguir hacia conseguir sus sueños.

Como puedes comprobar ellos también tuvieron sus limitaciones para lograr sus sueños, pero nunca se rindieron. todos ellos son iguales que tú, no tendrán adicciones, pero estamos hablando en estas líneas de éxitos, de los sueños que tenemos y los caminos que tenemos que recorrer para conseguir aquello que deseamos. nada va a ser fácil, pero la sensación que vas a tener cuando lo consigas va a ser inolvidable.

Tu camino principal es dejar esa adicción, y cuando lo hayas logrado, céntrate en tus propósitos, enfócate en tus metas y estos famosos que acabo de nombrar que te sirvan de referencia para, seguir hacia adelante cuando el camino se complique, cuando te cierren puertas.

Hay otros famosos que, si han tenido alguna adicción y también lo han conseguido, te los he nombrado anteriormente.

A ellos no le limitó nadie, empezaron a darse cuenta que su camino no era el correcto y lo modificaron, **rec-**

tificar es de sabios, y no existe derrota cuando lo intentas una y otra vez. Sal ahí fuera y demuéstrate todo lo capaz que puedes ser para conseguir tus sueños.

Demuéstrale al mundo que estaban equivocados contigo, puede ser que hayas tenido un tiempo de bajón, pero eso ya no existe. Coge impulso y lánzate hacia adelante, para vivir, y disfruta de la vida como te mereces, disfruta de los tuyos, de aquellos que te quieren, mira sus sonrisas cada vez que te ven, en esa nueva actitud, de alegría y felicidad.

No dejes que nada te limite y mucho menos una adicción.

"La adicción no es más que un sustituto muy degradado de una verdadera experiencia de gozo."

Deepak Chopra

Tipos de adicción

-Tabaco

-Drogas

-Alcohol

-Sexo

-Tecnología

Existen muchos tipos de adicciones y me gustaría nombrarte algunos de ellos, no son más importantes unos que otros, pero sí que los hay que algunas sustancias son más peligrosas que otras.

A continuación, te nombro algunas de las que yo he estado más cerca de ellas, ya sea con amigos, conocidos, familiares y/o personas que decidieron contarme sus historias para que tu reflexionaras sobre el peligro que pueden causar dichas adicciones...

TABACO

La mayoría de personas que fuman, utilizan el tabaco por adicción a la nicotina. También se le llama droga porque es adictiva igual que cualquier otra. El fumador lo busca con ansiedad y deseo. Y cuando no puede tenerlo, por falta de dinero, porque se le haya olvidado comprar, o por cualquier otro motivo, su reacción será nerviosa y ansiosa a la vez por conseguir fumarse un cigarrillo.

El tabaco como he comentado en otras líneas, lo vemos desde pequeño, ya que nuestros padres, abuelos y otros adultos de nuestro alrededor, lo hacen delante nuestro, no solemos darle tanta importancia seguramente por ello, pero eso no significa que sea así. Llamarlo droga suena muy fuerte, pero es así como debe de llamarse y debemos de ser conscientes de lo que nos puede perjudicar.

No estoy segura de que te interese, pero si conoces a alguien que pueda hacerlo, le estarías ayudando a mejorar su salud. Como iba diciendo, el tabaco no le damos tanta importancia como otras drogas o el alcohol, pero he de decirte que causa la misma adicción o a veces incluso más que cualquier otra.

Según los estudios, más de 30 millones de fumadores intentan dejarse esta adicción todos los años, y el 80% de los que intentan dejarlo, no lo consigue. Seguramente, te parecerá una cifra bastante alta, pero es real.

Yo misma era fumadora, al principio no fumaba mucho, sobre todo cuando estaba en casa, pero cuando salía fumaba más. El tabaco me daba ansiedad, pero la ansiedad me daba por fumar. Formé un círculo vicioso en el que cada vez tenía más ansiedad y fumaba más para calmarla.

Intenté dejarlo en varias ocasiones, pero no tuve suerte. Siempre volvía a hacerlo. Me podía tirar más de dos meses sin probarlo, pero me juntaba con amigas, o en algún evento familiar, donde siempre me apetecía más y al final volvía a coger el cigarro. Es una sensación, sientes como que te está llamando, y necesitas ir a por él. Otras veces, me pasaba que salía de fiesta y si tomaba una copa, parecía que si llevabas el cigarro en la mano te lo pasabas mejor. ¿te ha pasado alguna vez?

Finalmente, me lo dejé y hoy en día llevo más de 8 años sin probarlo. Aunque hay veces, debo de reconocer que me dejaban un cigarro, para aguantárselo a alguna persona, y mi mente volvía a ese estado donde en el pub con tu copa eras más divertida. ¿Cómo nuestra mente puede confundirnos tanto?

Eso solo son creencias, tu mente solo intenta confundirte para que sientas esa sensación de placer, a veces soñaba que me fumaba un cigarro, y cuando despertaba, sentía esa sensación de haber disfrutado de ese cigarrillo. Aun cuando llevas años sin fumar, en algunas ocasiones, vuelves a sentir esa sensación de querer volver a fumarte un cigarrillo.

Por eso, amad@ lector/a, me gustaría que te concienciaras, que eso no te va a ayudar a nada. Simplemente te vas a dejar engañar, de si el tabaco te va a quitar la depresión, la ansiedad, el dolor de cabeza o con el vas a ir mejor al baño. No dejes que la nicótica te limite.

¿Cuántas veces has comprado un paquete de tabaco, antes de comprar otras cosas para tu casa que también te hacían falta? Seguro que alguna vez lo has hecho, y precisamente aquello que no compraste, pensaste que tampoco tenías prisa en comprarlo, que no era tan imprescindible. ¿y el tabaco sí que lo es? ¿Cuántos cigarrillos fumas a diario? ¿has sacado cuentas del dinero que te gastas diariamente en él?

Saca cuentas de lo que ahorrarías al mes, y anota que podrías hacer con ese dinero, solo es cuestión de priorizar. No nos damos cuenta porque lo gastamos poco a poco, pero si te parases a pensarlo te darías cuenta de lo que te estoy intentando explicar.

Otra de las cosas que haces es buscar excusas, si te nombran el dinero, te molestará, aunque en el fondo lleven razón, pero es mejor cabrearse e intentar salir de esa conversación a dar la razón y pararse a pensar, y al igual que cuando nos falta tabaco para ese día, la persona que intenta dejarse de fumar, comienza a tener esa ansiedad por poseerlo, se siente irritado, y aparte de eso, uno de los efectos que causa dejarse, es el aumento de apetito, no le eches la culpa al tabaco de eso, y tengas una excusa para no dejártelo. Si tienes una buena alimentación y haces ejercicio, no hay nada que temer a coger unos kilos.

Para ti que es mejor ¿ganar un kilo? ¿o mejorar tu salud? ¿Por qué la frase favorita de un fumador es, Buah!!¡¡ De algo hay que morir!!...? analiza esta frase, y observa lo que acabas de decir:

¿De verdad te da igual morirte?

¿Y si para morirte tienes que pasar por una enfermedad que te cause mucho dolor?

Sabemos que la mayoría de los fumadores comenzamos en la adolescencia, y luego se nos hace muy difícil dejarlo.

Todo es mental, ¿Cuántas veces has oído esta frase? Pues es cierta, tu mente va hacer que pienses que necesitas ese cigarrillo, te va a engañar creyendo que eres mejor persona, que vas a ser más popular, que te calma la ansiedad, **ESO ES MENTIRA**. La nicotina no te quita nada de eso, lo único que hace es hacerte olvidar durante los cinco minutos que dura ese cigarrillo encendido, esa emoción, luego seguirás igual o peor. Debes mentalizarte en dejar esa adicción, que lo único que hará será irritarte, y posiblemente, causarte una enfermedad. ¿Por qué no lo intentas?

Ahora todo ha cambiado, cuando yo fumaba, podías fumar en cualquier sitio, pero ahora ya no. Al principio, pensaba que eso no estaba del todo bien. A mi si el humo no me daba directamente, no me molestaba, pero cuando tienes a una persona al lado que parece un carretero y todo su humo va a parar a ti, ahí sí que me molesta. Pero, aparte de eso, ahora que no fumo, cuando salgo a cenar o tomar algo, si voy con personas que son fumadoras siempre eligen terraza, hasta en invierno, ¿adivina para qué? Para poder fumar… y si no es posible, más de una vez me he quedado sola en la mesa mientras todos se han ido a la calle a fumarse el cigarrillo, sinceramente, no es muy agradable- estas pasando un buen rato, y solo por esa adicción, salirte en medio de una buena conversación, o en mitad, de la cena o comida. Seguramente te vendrán muchas respuestas como...

¡pues salte tú también! ¡tampoco es para tanto! ¡por cinco minutos que te quedas sola! Y muchas más… no son los cinco minutos, para la gente que no fuma, es desagradable quedarse en la mesa cuando todos se van a fumar, es cierto que puedes salir con ellos. yo muchas veces lo he hecho, pero no me ha gustado nada. La cena puede durar dos o tres horas. ¿no puedes aguantar sin fumar durante ese tiempo? ¿de verdad crees que te hace la digestión el cigarro? Muchas veces debemos de posicionarnos en el lado de la otra persona, empatiza y verás cómo sabes de que te estoy hablando.

¿Y con los niños? Cuando son bebes, normalmente se respeta, pero en cuanto empiezan a andar, ya no tanto. Los niños tienden a querer estar con los padres, y la mayoría fuma delante de ellos. a ellos también los haces fumadores pasivos, no nos concienciamos de lo que nos puede causar más adelante, los niños su desarrollo puede verse afectado, y su salud también.

Me gustaría que hicieras una reflexión sobre lo que acabo de contarte y la escribieras. Deja tu mente en blanco y escucha tu interior, y escribe todo aquello que has sentido.

____

____

____

____

____

____

____

Muy bien hecho, querid@ lector/a, ahora vamos a pasar al siguiente capítulo, antes decirte que te doy las gracias por estar leyendo este libro. Y que encuentres la magia que hay en el para concienciarte y reflexionar sobre el mensaje que escribo para ti.

"Los vicios vienen como pasajeros, nos visitan como huéspedes y se quedan como amos".

Confucio

DROGAS

Según los estudios, a nivel europeo, España es el país más elevado en el consumo de drogas, junto con Italia, Reino Unido, y Países Bajos, la droga más consumida es la cocaína.

Me gustaría hablarte de varios tipos de drogas, como la cocaína, la heroína, entre otras.

Cocaína: Droga adictiva que se obtiene de las hojas de la coca, de efectos narcóticos y euforizantes.

Crack: Cocaína en piedra.

Heroína: Droga adictiva obtenida de la morfina, en forma de polvo blanco y amargo, con propiedades sedantes y narcóticas.

Marihuana: También conocido como cannabis, tiene propiedades estupefacientes y terapéuticas. Normalmente se consume en infusiones y fumada.

Éxtasis: Droga sintética que produce alucinógenos y afrodisiacos. El éxtasis es una droga que puede ocasionar tensión muscular, taquicardias, paranoias, alucinaciones, desmayos entre otras.

Anfetaminas: Droga estimulante del sistema nervioso central, inhibidora del sueño y del apetito.

No somos conscientes de lo grave que es consumir drogas, hay personas que les hace gracia cuando escuchan esta frase, y hasta que no ven a alguien que sufre esta adicción no abren los ojos, pero también hay personas que, aun así, no quieren reconocerlo y no darle importancia.

En este libro, seguramente verás frases repetidas, no es que me repita sin intención, lo he hecho a conciencia para que no se te olvide de las cosas importantes, hay veces que para no olvidarnos de algo que es importante, lo apuntamos y/o nos lo repetimos una y otra vez para memorizarlo, pues aquí quiero hacer lo mismo contigo, para que seas consciente de ello.

Quiero nombrarte los efectos que puede causar cada una de las drogas que te acabo de nombrar en las páginas anteriores.

La cocaína y el crack tienen el mismo efecto, según los estudios más del 5% de la población la consume,

es un estimulante que da la sensación de disminución de fatiga, y sientes euforia intensa. Esta adicción puede provocarte hipertensión, arritmias, estados psicóticos, convulsiones, impotencia…

Los efectos de esta droga son inmediatos, aunque desaparecen en menos de una hora, el adicto la consume continuamente y el 90% de los consumidores lo hacen acompañados por el alcohol.

La heroína esta droga se puede fumar, aspirar y/o inyectar, es muy adictiva, es derivada del opio que proviene de la amapola.

Puede producir náuseas, vómitos, calma el dolor, impotencia, problemas reumáticos, euforia, placer…entre otras.

Las anfetaminas, pueden ser fumadas, tomadas vía oral o inyectadas, pueden ser legales o ilegales, cuando son legales es porque es recetada por un médico y se debe de seguir sus indicaciones. Un mal uso puede producir adicción, los efectos son de un comportamiento violento, sensación de bienestar, aumenta la confianza y se siente seguro, riesgo de contagio VIH, hepatitis entre otras enfermedades que puedan contagiarse por inyectado.

Como puedes comprobar en un principio las drogas pueden hacerte sentir placer, te dan seguridad, te sientes fuerte, san@, capaz de controlar todo lo que haces, piensas que los demás pueden estar equivocados, y al principio discutes, pero llega un momento en el que te apartas por no hacerlo, y acabas separándote de los tuyos, vas a tu aire y no te importa nada ni nadie, cuando te reprochan algo, no entiendes por qué y te enfadas con ell@s.

Y lo que es cierto es que estás en una cúpula donde todo parece maravilloso pero la realidad es otra. Poco a poco vas dejando a tus amig@s, a tu familia, a tu pareja si la tienes y hasta a tus hij@s. piensas que todo está bien, pero lo que en realidad sucede es que están sufriendo por verte así, cada vez que intentan acercarse es para pelear. Te sientes como un gato estufado cuando van acercarse para tocarlo.

Mi pregunta es….

¿HASTA CUANDO?

¿Hasta cuándo vas a seguir así?

¿Hasta cuándo vas a estar llevando esta vida?

Piensa de verdad en cuál es la sensación certera que te produce consumir esa sustancia.

¿De verdad necesitas hacerlo para ser alguien en esta vida?

Una decisión que puede cambiar tu vida.

En un bonito prado de Francia, vivían muchos animales, dos de ellos eran dos cabritas, eran hermanos y vivían con su madre.

Les encantaba comer hierba fresca, pero no todas la podían comer, había una en especial que no debían de probarla, era una planta que provocaba alucinaciones y síntomas de felicidad.

Nick y Nuk, era como se llamaban los cabritillos, eran muy curiosos y querían saber de todo, por eso no paraban de preguntar a su mamá. Se fueron a dar un paseo y vieron a un grupo de cabras muy alegres y saltando eufóricamente, ellos le preguntaron a su madre.

-Mamá ¿porque están así de raros?

-Hijos, ¿veis a ese grupo? Pues no debéis de acercaros a ellos, allí está la planta que no debe de probarse y ellos son unos maleantes que si lo hicieron, me tenéis que prometer que no os acercareis a ellos, y si os ofrecen probar de la planta, diréis en todo momento que no.

Los cabritillos le prometieron a su mamá lo que ella le había pedido, pero Nuk era muy entrometido y decidió acercarse sin que nadie le viera, aprovechó que su mama se fue a hablar con una amiga.

Nuk masticó unas hojas y no pasaba nada, empezó a extrañarse de porqué su mamá le prohibía algo que *no hacía nada, y mordió unas cuantas más, entonces, se asomó a ver al grupo de cabras y pudo ver como se comían unas bolitas que salían de la planta, pudo comprobar que se dejaron una muy cerca de donde él estaba y se lanzó a por ella y se la comió.*

En ese momento, empezó a notar algo en su interior, pudo disfrutar de un sabor distinto pero muy agradable, no tardó en sentir una sensación de felicidad que no sabía de donde venía, pero estaba eufórico como las demás cabras del grupo. Se unió a ellas, y decidieron irse a una colina, donde debían de saltar muchas rocas. En algunas partes del camino, para poder llegar a la cima, casi llegando tuvieron que saltar una roca muy grande la cual, Nuk no pudo con ella y cayó al vacío.

En medio de la caída, él estaba con los efectos de esa planta y sentía como podía volar, claro está que solo era su sensación, por lo cual el final te lo puedes imaginar, cayó y no sobrevivió del golpe. Cuando su madre se acercó, triste y desolada, pudo ver a su hijo como había quedado y allí mismo le dijo a su hermano,

¿Has visto hasta donde te puede llevar algo que no debes de consumir?

Para Nick fue suficiente ver a su hermano, que ahora era comida para otros animales, para no acercarse nunca a esa planta.

Reflexiona sobre lo que has sentido al leer esta reflexión. Escribe todo lo que te ha venido a la cabeza mientras leías esta reflexión.

____

____

____

____

____

____

____

¿Lo has hecho?

¡¡Bien!! Sigamos…

Seguramente puedas verlo exagerado, pero no eres consciente de las consecuencias que pueden traer esas sustancias, en este cuento sabemos que hablaba de la marihuana, pero todas las drogas son muy peligrosas, y si te sobrepasas puedes llegar a un extremo muy peligroso que te puede llevar hasta la muerte.

Siento hablarte así, creo que llevamos unas páginas juntos para que me permitas decirte las cosas como son y no tener que dar vueltas para poder explicarte las cosas de una forma más sensible. Yo quiero que veas el peligro que puedes tener al estar consumiendo cualquier sustancia y si no es tu caso, para que seas consciente de hasta donde puedes llegar si lo haces.

Quiero volver a hacerte unas preguntas y que contestes sinceramente, pero sin pensar. Dicen que el primer pensamiento es el que vale. ¿sabes por qué? Porque viene del alma. El primer sentimiento y pensamiento que siempre te llega cuando quieres hacer o saber algo, es desde el corazón, ese que nunca se equivoca, tu yo interior. Y me gustaría que aprendieras a escucharlo, y sobre todo a prestarle atención. En las próximas páginas te seguiré añadiendo ejercicios para que puedas ser consciente y encontrar ese camino que dejaste un día por equivocación.

Respóndeme a esa pregunta que quería hacerte…

¿hasta cuándo? ¿Hasta cuándo vas a seguir así?

Estos ejercicios puedes hacerlo tanto si eres dependiente emocional en una adicción, o eres co-dependiente de alguna persona.

Responde, pero hazlo sin miedo y sobretodo no tengas vergüenza, este libro es para ti y solo para ti, es como tu diario donde podrás anotar las respuestas que de verdad sientas y nadie las sabrá.

Te sugiero que las escribas en lápiz, ya que, si vuelves a leer el libro, que te recomiendo que si lo hagas y vuelvas a practicar las preguntas y ejercicios, verás cómo poco a poco serán las respuestas diferentes a las anteriores.

Vamos aprendiendo poco a poco y según nuestra mente se vea capaz, hay que entrenarla y engañarla para poder dominarla y que no intente protegernos de una forma que nos perjudique.

Seguramente, cuando vuelvas a leer este libro, habrá frases y respuestas que no recordarás haberlas leído, ni contestado.es por lo que te acabo de contar.

Paco, era un joven que vivía con sus padres y sus cinco hermanos, eran tres hermanas y tres hermanos.

Él era el más pequeño de todos y se llevaba bastante diferencia con su hermano mayor. El cual muchas veces lo trataba como si fuera su hijo.

Sus hermanos empezaban a hacer sus vidas, y tener familia cuando el comenzaba su adolescencia. Aunque ellos siempre contaban con él para llevarlo a cualquier lugar y les acompañara, Paco prefería quedarse en casa y/o salir más tarde con los amigos. A sus hermanos no le gustaba que se fuera con la gente que habituaba porque les había visto fumar. Y siempre le llamaban la atención, sobre todo su hermano mayor. Aunque Paco no hacía caso nunca.

Paco estaba enamorado de una de las chicas que se juntaba con ellos en la cuadrilla, estuvieron un tiempo juntos, tres años para ser exactos. Pero un día, la pilló con su mejor amigo en la cama. Este se puso muy furioso y comenzó a dar golpes y tirar todo lo que se encontraba en el camino.

Se encerró en su casa y no salía para nada, sus padres estaban muy preocupados. Y una hermana intentó hablar con él, pero no hubo forma de ello. Él estuvo varios meses que casi no salía de su habitación, había días que ni para comer.

Cuando decidió salir, lo hizo solo y a altas horas de la noche, a sus 16 años, estaba perdido, sin saber qué hacer con su vida. le daba igual todo. empezó a caminar y a caminar. Y se sentó en un parque, donde no vio a nadie, estaba todo oscuro y solo se oían los grillos cantar. De repente oyó risas, y se asustó. Eran cuatro jóvenes que llevaban unos litros de cerveza y se sentaron con él.

Le invitaron a beber, al principio se negaba, pero ellos insistían en que le iba a venir bien pegar unos tragos, y les hizo caso. Desde ese día, todas las noches quedaba con los chicos, y se hicieron buenos amigos. Eran muy atrevidos y les gustaba probar de todo lo que oían, cada uno tenía su problema, Paco, la infidelidad de su novia y los otros, problemas con familiares, alguno había perdido a su madre, en fin se consolaban unos a otros. Pero siempre acompañados de la bebida y los porros.

Eran tan valientes que cuando les ofrecían cualquier sustancia, la probaban, ellos necesitaban calmar ese dolor que no sabían controlar.

Paco en su casa se comportaba muy diferente a como lo hacía antes, contestaba a sus hermanos, le gritaba a su madre, la cual lloraba de ver así a su hijo. Pero a él no le importaba.

Cada vez estaba más delgado y desmejorado, nadie sabía que le pasaba, no comía, pero lo hacía antes de que empezara a salir, asique nadie sospechó que podría ser de la sustancia que estaba consumiendo. Sin darse cuenta era adicto a la heroína, nadie sabía nada. Él no le daba importancia, se sentía feliz, capaz de salir a la calle y sentirse vivo. Pero cuando le faltaba dinero, se volvía agresivo con todo el mundo y hasta que no conseguía ese dinero no se calmaba. En una ocasión, una de sus hermanas, entró a su habitación, y vio una caja algo sospechosa, le entró curiosidad y fue cuando se encontró con la sorpresa, una jeringuilla. Le entró el pánico, no sabía cómo decirlo en casa, pero finalmente salió con ella y se la enseñó a sus padres. No daban crédito de lo que estaban viendo.

Como puedes imaginar, Paco, entró en cólera. Empezó a negar que eso fuese de él, pero nadie le creyó. Solo había que mirarlo. delgado, demacrado, casi no se le entendía al hablar.

Hubo varios intentos de rehabilitación, pero no hubo forma, él no era fuerte. Y sus hermanos ya vivían cada uno fuera de casa. pasó así por muchísimos años. Iba a su aire, nadie le podía decir nada, sus padres ya eran mayores, su madre estaba enferma con demencia senil, y ya casi ni se enteraba.

Cada día que pasaba siempre faltaba algo en casa, un día faltaba la televisión, la lavadora...vendía cualquier cosa al mínimo precio solo por obtener la dosis del día, se ponía en los semáforos a vender pañuelos. Su padre, que era el que aún era consciente de ello, no sabía controlarlo. Tenía que esconder el dinero bajo llave, y aun así muchas veces lo encontraba y rompía todo lo que tenía que romper para conseguirlo. Nunca se dio cuenta del sufrimiento que causó en casa, sobre todo a sus padres. Su madre murió, pero con su padre estuvo unos 20 años más.

La muerte de su padre fue lo que le hizo reaccionar, se vio en su casa completamente solo y perdido, fue cuando pidió ayuda a una de sus hermanas, y esta lo acogió en su casa. dejaron sus vidas para dedicarse a él, tenían que estar pendiente en todo momento, pasaban las 24 horas al lado suyo, si no era uno, era el otro. Lo acompañaban a todos lados para que no pudiera tener contacto con nadie que le facilitara la droga. Estuvo en tratamiento, el proceso fue difícil, pero no imposible, él puso de su parte, empezó a trabajar a hacer nuevos amigos, a juntarse con otra clase de personas, más sanas. Podía llevar su propio dinero y hasta tenía sus ahorros, se le veía más guapo, tenía más brillo en la cara y más luz, la gente lo veía y lo felicitaba de lo bien que estaba y todo lo que había conseguido, estaba feliz y contento. Por fin había conseguido salir de ahí, y ya no dependía de esa droga.

¿Y tú? ¿te atreves a intentarlo?

UNA BUENA ACTITUD, PUEDE LOGRAR LO IMPOSIBLE

Normalmente, no nos damos cuenta hasta que tenemos ese punto de quiebre que nos hace, cambiar. El primer momento te paralizas, pero si te pones a reflexionar sobre el estado en el que te encuentras entonces, tendrás el deseo de salir de ese momento en el que estás y no quieres seguir...

Para todo ese cambio se necesita, mucha fuerza de voluntad. **Todo es posible si se tiene buena actitud**, y sobre todo, en el momento en que veas que tus fuerzas van perdiendo energía, para, coge aire e impúlsate hacia adelante todo lo que puedas.

Como sabes, la mente intenta protegerte, cuando quieres cambiar un hábito, intenta protegerte porque para ella es algo nuevo que no sabe si será bueno o no. Y en ese momento es cuando debes de sacar tus fuerzas, ser consciente de lo que está pasando y engañar a la mente, no dejes que la mente te controle, tu eres el que controla tus emociones.

"Tienes un gran camino por recorrer, no dejes que nada ni nadie te limite".

ALCOHOL

El alcohol es una de las sustancias que vemos consumir desde niños, en celebraciones, reuniones...etc. Desde nuestra infancia lo vemos como algo normal, pero no llegamos a pensarlo que el exceso puede causar una adicción.

Más del 70% de la población consume alguna bebida alcohólica, incluidos menores de 16 años, que empiezan a experimentar. Por eso debemos concienciarnos que eso es un gran tema de conversación y no se debería de posponer para después lamentarnos. Una copa de vino, o cualquier toma con moderación puede hasta ser agradable, pero cuando lo tomas por costumbre, ahí si debemos de tocar la señal de alarma.

No quiero ser exagerada, pero he visto a muchas personas, que creen que son valientes, porque su forma de ser es fuerte y dura, pero en realidad es una máscara que se ponen para no ser descubiertos. En más de una ocasión he visto a personas como han tenido que sacar del brazo a otra gente porque no se mantenía en pie, de lo ebrios que iban, y han sido tanto hombres como mujeres. **No hay genero para las adicciones**.

Cuándo hay un problema por el medio, el alcohol es la salida de muchas personas, y lo que no saben es que es su perdición. Si te ves envuelto de esa dependencia me gustaría que me dejaras aconsejarte, no soy psicóloga ni mucho menos, pero debido a la experiencia de tener a mi alrededor personas adictas de todo tipo, me quise formar sobre las emociones, para ayudar a toda esa persona que quisiera controlarlas y gestionarlas. Me gusta mucho ayudar a la gente y que mejor que dedicarte a lo que en realidad te gusta.

Por eso me siento capaz de ayudarte y aconsejarte, porque a parte de mi formación, he vivido de cerca muchas situaciones.

Puedo contarte muchas de las historias que ha vivido la gente para que reflexiones y tomes conciencia de lo que puede traer la bebida, más me gustaría decirte que lo más importante es que veas hasta donde puedes llegar si sigues ese camino.

¿Crees que con beber vas a solucionar algo?

Cada vez que bebes, lo único que haces es entrar en un estado en el que tu alma sufre, está confusa, tu mente se siente protegida, pero cuando despiertas al día siguiente, la mente está agotada y el alma reventada. Te duele todavía más, y vuelves a caer en la misma rutina, y ¿sabes por qué? Por miedo.

Si, como lo oyes. Porque crees que no eres tan fuerte como tú piensas, cuando estás haciendo eso es síntoma de debilidad. Cuando tomas cualquier sustancia, ya sea el alcohol, drogas o lo que sea. En ese momento te crees la persona más maravillosa del mundo, la insuperable. Pero cuando caes, no tienes fuerza ni para mantenerte en pie. Muchas veces te derrumbas y entonces es ahí cuando quieres desaparecer. La gente que te quiere está a tu lado siempre, pero cuando te ves con fuerza, tú la utilizas para desahogarte.

Le insultas, le humillas, y hasta le desprecias.

¿Crees que esa gente estaría a tu lado si no le importaras?

____

¿Hasta cuándo vas a seguir así?

____

¿Cuándo esas personas desaparezcan de tu lado, que harás?

____

Hazte estas preguntas y contéstalas. Se sincer@ y no te dejes nada dentro.

Hola, me presento.

Yo soy el rey de las fiestas, tu mejor compañero, con el que te divertirás, te reirás, te sentirás seguro de ti mism@ y además perderás la vergüenza allá donde vayas.

Me vas a encontrar en todos los lugares que frecuentes, celebraciones familiares, con amigos, compañeros y hasta a solas.

Yo soy quien inventó el adulterio, te hago ver las cosas de forma muy distinta, puedo sacar de ti todo lo malo que llevas dentro y hacer que se lo demuestres al mundo, te quitaré ese miedo a morir y estarás seguro de enfrentarte a todo aquel que te moleste.

Soy quien te llevará a extremos que ni te imaginas, podrás condenar a tu familia y hasta levantarles la mano sin ningún tipo de pudor. Insultarás a tus hij@s y los despreciarás cuando intenten separarme de ti.

Una vez te acostumbras a mi compañía va a ser difícil que nos separemos, vengo de muchos lugares, cebada, trigo entre otros. Y aunque son orígenes naturales he de decirte que me envía el mismísimo demonio para apoderarme de tu alma y seas cada vez menos persona. No me importa la edad que tengas puedo acompañarte igual.

Cuando intentes levantarte por ti sol@, flojearás y voy a hacer de ti una persona popular, que todo el mundo comente tus fracasos, tus caídas. Verás sus miradas clavadas en ti, oirás esas risas, y aunque sientas un dolor profundo, me volverás a buscar.

No tendré piedad en enfermarte, el hígado, los riñones, un cáncer, cualquier cosa que te cause dolor y sufrimiento, porque así generarás más amor hacia a mí.

Cuando te veas en un momento donde esté todo oscuro, lleno de gritos de la gente que intenta que te rindas, entonces yo intentaré que te alejes de la forma más fácil que hay, el suicido.

Sin más quiero decirte que siempre estaré ahí cada vez que me necesites.

Atentamente el alcohol.

Ese es el problema con la bebida, pensé, mientras me servía un trago.

Si ocurre algo malo, beber para olvidarlo;

Si ocurre algo bueno, beber para celebrarlo;

Y si no ocurre nada, beber para que pase algo...

Charles bokowski

¿Y tú? ¿Quieres hacerte amigo del alcohol?

Como puedes ver, en esta reflexión te hace un resumen de todos los efectos de esta adicción, una cosa te lleva a otra.

Como te he dicho en páginas anteriores, no quiero hacer ninguna historia con el alcohol, porque son muchísimas las que conozco y me han contado como algunos las han superado. Otros desgraciadamente, ni siquiera pudieron contarlas. Nos entra la risa cuando una persona nos advierte, y lo único que sabemos decir es:

¡Va! Total, de algo hay que morir. Esa es la típica frase de la mayoría, pero en el momento en el que empiezan a encontrarse mal, ya tiene miedo de ir a un médico, y si van y encuentran cualquier cosa, entonces es cuando se arrepienten de haber estado en esa situación. Normalmente, la gente que no va ebria de lado a lado, piensa que no tiene un problema, pero quiero añadir, que lo tienen igual o incluso peor. Porque aún son menos conscientes de que su vida también peligra.

Puedes estar todo el santo día consumiéndolo, y no afectarte en el exterior, pero tu interior se deteriora poco a poco y sin darte cuenta.

Cuando te juntas con los amigos, parece que si no bebes eres el aburrido, o si eres prudente. Te felicito si eres de las personas que tomas una copa y eres consciente si tienes que conducir.

Sabemos que el alcohol está en todas partes, pero si lo pruebas debes saber cuál es tu limite, y sobretodo ser consciente que no lo tomas por engañar una emoción negativa para sentirte mejor. Lo único que estás haciendo en ese momento es taparlo, pero al día siguiente estarás igual o peor y necesitarás volver a salir con la excusa de beber.

He visto gente como ha estado con principios de depresión, de angustia y se han ido a tomar una copa, detrás de otra, y poco a poco lo crearon como un hábito, era salir para hablar siempre de problemas y con la copa en la mano. He podido comprobar como perdían el apetito, poco a poco su cuerpo iba cambiando se quedaban literalmente en la mitad de lo que eran o incluso más. Les daba igual lo que pudiera decir la gente, hasta sus familiares podían acompañar a esas personas simplemente por salir y despejarse.

Voy a contarte una cosa, si tienes a una persona que no se encuentra bien por el motivo que sea, no le incites a beber, sobre todo de costumbre. ¿Por qué mejor no le invitas a la playa? ¿y al campo? ¿a conocer lugares naturales?

Esas personas lo único que necesitan es cambiar de ambiente, no frecuentar los mismos de siempre. Tenderán a querer ir, pero si le convences podrás sacarl@ de esa zona de confort y mejorarás sus hábitos. Una persona cuando entra en depresión ¿sabes cuánto tiempo les ha dedicado a sus emociones para poder generarla? El mismo o más de los que le costará volver a cambiar de hábitos, ¿y qué mejor que empezar hoy mismo?

También he de decirte que no puedes presionar a una persona a cambiar, por mucho que te duela verla así. Puedes darle consejos e intentar hacer que cambie, pero hasta que esa persona no se sienta preparada no reconocerá que tiene una adicción.

Tú ya sabes cómo es, pero por mucho que te esfuerces acabarás perjudicando la relación que tengas con esa persona, ya sea amistad, familiar o afectiva.

Si por el contrario, eres una persona que tiene esa adicción y estás leyendo estas páginas, desde este momento he de decirte, ¡¡**FELICIDADES**!! porque por el simple hecho de haber tomado la decisión de leer este libro ya te estás liberando de una carga, espero que sepas reflexionar sobre cada palabra que te digo para que seas consciente en cada momento de todo lo que puedes perder si sigues con esta adicción, mas también que puedas ver todo lo que puedes conseguir si decides dar el paso de salir de ella.

El primer paso es reconocerlo, una vez eres consciente de que estás haciendo algo que te está perjudicando, comenzarás a tener más interés por saber la forma de liberarte de esa adicción. Cualquier tipo que tengas, no solo la del alcohol. En las próximas páginas te daré unos tips y ejercicios para que puedas practicarlos.

"Si quieres cambiar tu cuerpo, cambia primero tu conciencia. Todo lo que te ocurre es resultado de cómo te ves a ti mismo, hasta un punto que podría parecerte muy extraño."

DEEPAK CHOPRA

SEXO

La adicción al sexo es más habitual de lo que te puedes imaginar, según los estudios, más del 5% de la población la padece. Normalmente, la persona adicta al sexo, no puede tener el control de deseo a tener relaciones, y suele hacerlo con varias parejas diferentes aun teniendo una relación de pareja, simplemente para satisfacer su deseo sexual.

La media de tener relaciones sexuales, normalmente es marcada por la pareja, pero cuando el deseo es muy frecuente y solo haces que buscar la manera de tenerlo, es ahí donde puede estar la adicción.

Una pareja se desea, pero aparte de estar todo el día en la cama, comparte muchísimas más cosas que estar todo el día teniendo sexo. La persona que es adicta, pasa todo el tiempo en ocupar su mente, buscando la manera de poder tenerlo.

Conocí a una persona la cual me confesó que le gustaba muchísimo tener sexo. Eso normalmente a todo el mundo le gusta, pero este chico era algo que se salía de lo normal. Pude comprobarlo de cerca, como iba de un lado para otro buscando la forma de quedar con una persona u otra, solamente para poder desahogarse.

Yo le veía y no era normal su manera de comportarse, estaba siempre eufórico, con el teléfono en la mano, tenía una agenda para quedar con las chicas con las que solía tener ese encuentro. Se programaba la semana y si una cita le fallaba, enseguida se ponía en acción para buscar cubrir ese hueco. Tenía sus horarios porque aparte de esa vida también tenía a su mujer y sus hijos.

No podía imaginar cómo una persona podía ser así, al principio lo veía y me daba rabia, luego comprendí que esa persona estaba enferma, como la que necesita una sustancia para meterse en el cuerpo. Tu puedes ver a una persona así y a otro adicto a otra sustancia y no tienen mucha diferencia, en el aspecto puede, pero nada más. Una persona que es adicta al sexo, cuando no lo tiene sufre como si tuviera el mono.

Este chico un día confesó en una ocasión, que él solo se había tirado a toda una clase de madres, en donde iba uno de sus hijos al cole, tenía una labia que convencía a casi toda persona. Y así lo confesó.

-La lie, pero bien, separadas y casadas, pero quedaba con todas, me programaba y cada una tenía un horario. Con todas no quedaba la misma semana, pero si las alternaba. Su mujer no se enteró, y las parejas de esas chicas se supone que tampoco. Entre ellas, él nunca supo si lo supieron.

Lo que si es cierto es que hasta hace poco, este chico seguía igual, se sentía el hombre más atractivo del mundo, el más simpático, el mejor en todo. tenía una seguridad en sí mismo que le superaba. Pero lo que no se daba cuenta era en sus ojos. Cada vez los tenía más hundidos, le brillaban cada vez menos y cuando nadie lo veía, o creía que no lo hacían, entonces se venía abajo.

¿Qué es lo que le puede estar pasando a una persona así?

Normalmente, una persona que tiene dependencia a esta adicción, emocionalmente esta decaído, triste, y/o desolado, entre otras cosas. Estas personas como he contado en líneas anteriores, no controlan sus emociones, su deseo sexual, cualquier tema de conversación intentará que sea relacionado al sexo. Tiende a aislarse para poder buscar las relaciones para llevar a cabo su deseo. Con baja autoestima, aunque tenga relaciones con otras personas además de su pareja, recurrirá a otros medios como la masturbación, el cibersexo, y cualquier otra manera que se le ocurra que le de morbo.

Estas personas suelen ser astutas, y mienten perfectamente, su perfil es totalmente normal de apariencia. Pero su forma de actuar, es con mucho nervio, con ganas de caer bien a todo el mundo, está pendiente de todo y no se le escapa nada. Ese ego le protege, y luego para sentirse alguien importante, satisfacer ese mismo ego, necesita hacer de la mejor forma que sabe, seduciendo y mantener relaciones, cuantas más mejor. Cuando acaba, tiende a sentirse culpable, pero esa sensación no dura demasiado tiempo, ya que se pone a planificar enseguida su próxima aventura.

"CONTROLA TUS EMOCIONES, O SERÁN ELLAS LAS QUE TE CONTROLEN A TI".

El semental

Una gran raza lo alababa, tenía buenos genes y por eso su dueño lo protegía, cuando llegara a la edad de poder coger una hembra, este le llevaría a las mejores, ya que era de pedigree.

Todas las hembras que pasaban por su casa, se quedaban mirando hacia adentro, ya que se hablaba mucho del pastor alemán que había allí. Llegó la temporada del celo donde Khal estaba ya preparado para el apareamiento, y en ese momento comenzó una nueva etapa para él.

Le llevaban a casa a las mejores hembras para preñarlas, y se las dejaban de dos a tres días para que realizara su labor.

Podrás hacerte a la idea lo feliz que se sentía Karl al ver su nueva vida, poco a poco dejaron de llevarle parejas, ya que todas estaban preñadas, y fue cuando empezó a frustrarse, se había acomodado a esa vida, y necesitaba tener una hembra a su lado para desahogarse. Como su amo no le traía esas hembras, decidió escaparse por la ciudad, y dar un recorrido buscando gozar como lo estaba haciendo hasta hace poco.

Estaba ansioso y angustiado por encontrar una amiga, con la que tener relaciones, tal fue la angustia que no pensaba ni en la raza ni de dónde venía, solo le importaba coger a esa hembra de una vez y calmar esa emoción de deseo.

Por fin encontró un lugar donde se veían animales y allí encontró su primera presa, fue hacia ella y pudo complacerse, aunque le pilló de sorpresa era un perro que sabía satisfacer a su hembra asique ni siquiera se quejaba, todo lo contrario, estaba acostumbrado a recibir halagos por ello. Se hizo popular en la zona y lo visitaban varias hembras todos los días, era el rey de ese nuevo lugar.

Pero hubo algo que descuidó, su alimentación, solo por calmar ese deseo sexual. Cada vez se le veía más delgado, aunque nunca perdió su compostura, se le veía siempre una sonrisa, y aunque a veces parecía estar agotado, sacaba fuerzas de donde no las tenía. Le volvió a pasar lo mismo que la anterior vez, todas las perras estaban preñadas, y esta vez tuvo que buscar donde nadie se atrevía a ir, era un lugar donde había animales enfermos, pero a Karl, no le importaba, él era inmune a todo, era el mejor y nunca podría pasarle nada malo debido a su raza.

Estuvo buscando y no vio nada, se tiró varios días tratando de encontrar la manera de buscar su objeto sexual, lo necesitaba porque estaba que explotaba, por fin vio una perra tumbada en el suelo, y fue poco a poco acercándose a ella, hasta que se le tiró encima y la ultrajó. Esa perra estaba enferma y murió durante ese momento, aun así, el perro no paró hasta saciar su deseo.

A las pocas horas comenzó a sentirse mal, esta perra estaba enferma de sarna y Karl, empezaba a tener fiebre. Arrastrándose por el suelo seguía buscando la manera de seguir buscando a sus hembras. Su enfermedad estaba avanzando y no sabía reconocer que se había equivocado, tenía alucinaciones y en una de ellas pudo ver a una encantadora perrita, de su misma raza, pero albina, era lindísima, le estaba llamando y este no se lo pensó dos veces, decidió cruzar la carretera y en ese mismo momento lo atropelló un camión, aun en su agonía imaginaba como se acercaba a ella para devorarla de deseo, finalmente murió allí tendido en el suelo, solo y en la carretera.

Como podrás imaginar, ese último deseo era solo una alucinación de su enfermedad. No supo controlar sus emociones y esto le llevó a la muerte. Esta reflexión habla de un perro, pero la verdad es que, aunque no estamos acostumbrados a oír casos de esta adicción las hay y muy frecuentemente.

Estas personas huyen de alguna emoción, posiblemente de la infancia y/o adolescencia donde a través del sexo consiguen satisfacer la sensación que una vez esa emoción les hizo daño. Seguramente no son conscientes de ello, por ejemplo, una persona no ha tenido el afecto de uno de sus padres o de la familia, y/o amigos y teniendo relaciones se siente activo, importante y popular, seguirá haciendo lo que realmente le llena que es sentirse así teniendo cada vez más relaciones. Esta persona seguirá siendo de esa manera para seguir alimentando su ego y eso le hará tapar esa emoción que tanto dolor le puede producir, de esa forma cada vez necesitarás más y más, hasta que llegue un punto en su vida que pierda el control y no sepa como parar, como pasó en el cuento, el final pueda ser trágico.

Me gustaría contarte una historia de una persona que, cuando supo de que iba mi tercer libro se puso en contacto conmigo, para contarme como sufrió ella, la adicción al sexo de su marido. Su motivo ahora lo podrás ver en estas líneas, pero el propósito es que tú puedas reflexionar ante esta historia y veas hasta donde puede llevarte algo así. Tanto si eres el adicto como el co-adicto.

Alicia, una mujer fuerte, segura de sí misma, valiente, y enamorada de su marido.

Empezó una relación a los 15 años, como toda adolescente estaba súper enamorada, además era su primer amor. Iban juntos a todos lados, y en el instituto también coincidian en las mismas clases. Su noviazgo duro tres años, después se casaron y todo era maravilloso.

A los dos años de casados, ella quedó embarazada y estaban muy felices, los preparativos, la fecha del nacimiento, elegir el nombre de niños o niña que iba a nacer...etc.

Alicia era una mujer fuerte, capaz de todo por su familia, confiaba plenamente en su marido. Este le dijo que iba a buscar otro trabajo para que ella pudiera estar tranquila en casa y esperar la llegada de su hij@. Al principio ella se negó, pero más tarde aceptó. Se sentía plena de amor por su pareja.

Cuando dejó su trabajo, él ya estaba en uno nuevo que le llevaba todo el día fuera de casa, aunque Alicia se sentía mal por no ver a su marido en todo el día, él la convencia que era lo mejor, debía de ser así, además, la llamaba a cada momento.

Empezó a notarlo algo nervioso y se escondía a la hora de enviar mensajes, además cada vez que llegaba a casa se metía corriendo al baño para ducharse. No quiso decirle nada al principio, pero no pudo resistirse un día y en la cena le preguntó, fue ahí donde tuvieron una gran discusión por falta de confianza hacia él. Estuvieron unos días disgustados y Alicia se sentía muy mal por lo sucedido.

Llegó el nacimiento de su niña y no fue como ella esperaba. Los días que tenía libres por paternidad, creía que iban a pasarlos juntos todo el tiempo, pero no fue así. Su marido pasaba demasiado tiempo fuera y siempre le salía algo por lo que se excusaba.

Estuvieron varios años así, la relación ya no era la del principio, Alicia se encargaba de la niña y su marido salía todos los días, siempre por trabajo (o eso decía él). Hasta que un día le llegó un mensaje de una amiga, la cual le aseguraba haber visto a su marido con otra persona. Ese día fue muy duro, además de discutir estuvieron a punto de separarse, pero ella vio que lo único que pasaba es que su amiga le tenía muchos celos por la relación tan maravillosa que tenía, asique todo se arregló.

Aunque ya no era lo de antes, tenían de vez en cuando relaciones sexuales, no eran muy seguidas, pero él, con tanto trabajo estaba agotado.

Alicia empezó a encontrarse mal, empezaba a sospechar en un posible embarazo y decidió ir al médico por los síntomas que tenía. Efectivamente era así estaba embarazada, pero al hacerle unos análisis pudo comprobar que era portadora de una enfermedad por transmisión sexual. No entendía nada, como ella podía tener dicha enfermedad. Habló con su marido y este empezó a juzgarla de haberle sido infiel, Alicia le juró que eso no era cierto. Debido a esta causa, el embarazo no siguió adelante.

A los pocos meses, fue cuando un descuido de su marido hizo ver que él le era infiel. Sonó el teléfono y era una chica, la cual confundió a Alicia por su hermana y ahí esta le confesó todo el tiempo que llevaba engañándole.

Se puso a mirar el teléfono y no podía creer lo que estaba leyendo. No era una sola mujer, eran demasiadas. Ahora si creía a esa amiga y fue para contárselo además de pedirle perdón.

Alicia descubrió que su marido le era infiel durante muchos años, además de quedar con otras mujeres, frecuentaba clubs. Y finalmente se separó. Ella está en tratamiento constantemente y no puede tener relaciones sexuales por esa enfermedad que contrajo, así me lo contó.

Me gustaría que reflexionaras sobre la historia que acabo de contarte y anotaras lo que te ha venido a la cabeza leyéndolo.

Reflexión.

____

____

____

____

____

____

____

____

Espero que seas consciente de todo aquello que puede causarte las relaciones que no son controladas, si crees que puedes estar pasando por esta adicción, debes de ponerte cuanto antes a tomar acción para salir de ella, si tienes pareja háblalo, lo mejor es sincerarte y sanar todo desde la raíz. Sobretodo debes de hacerte algún análisis para descartar un posible contagio y no se lo transmitas a la persona que tengas a tu lado o para tus futuras relaciones. Creemos que no nos va a pasar nunca hasta que nos vemos dentro de esa situación, y entonces es cuando tenemos miedo y no sabemos cómo salir de ese problema.

No dependas de esa emoción que al final viene a ser negativa, tú crees que te anima, que eres mejor persona, que vas a ser más popular, y lo único que te está pasando es que tu autoestima no pasa por tu mejor momento. No alimentes tu ego así. Conviértete en tu mejor versión, pero de una forma diferente. Sé alguien de provecho, alguien que merezca la alegría tener a su lado, alguien que todo el mundo quiera estar contigo, pero tú solo estar con esa persona tan especial como lo eres tú. No te hace falta ser infiel para ser mejor persona, si quieres a alguien, de esa forma lo único que haces es daño. No estropees ese momento, esa relación, y si crees que tu momento ha acabado con esa persona, déjala, pero de una forma que no os hagáis daño.

Simplemente me gustaría que vieras, que no necesitas a miles de personas detrás de ti para ser alguien en esta vida, con tener a una persona a tu altura es más que suficiente, para crecer juntos, ayudaros el uno al otro, respetando a la pareja, y cuando hay una diferencia lo mejor es intentar hablarlo y solucionarlo con el dialogo, antes de llegar a discusiones y de ahí empezar a buscar fuera lo que en ese momento no transmites dentro.

Voy a decirte algo, cuando tú estás frustrad@, no solo es por la persona que tienes al lado, sino que tú también eres culpable.

¿Qué le estás dando a tu pareja o que no le estás dando para que pases por esta situación?

¿Qué es lo que te molesta de tu pareja?

Anteriormente ¿lo has hecho tu a otra persona o a esa misma?

¿crees que tiene solución? ¿porque no empiezas a cambiar la situación si la tiene?

Hazte estas preguntas y si de verdad quieres un cambio, la primera persona que debe cambiar eres tú. No te sientas mal por tener esta adicción, una vez lo reconoces, ya has dado el primer paso para el cambio. No malgastes energía solamente por creer que así te liberas del estrés, que te sientes más viv@, entre otras emociones.

Da ese paso a tu cambio, empieza a controlar tus emociones, y llega a la raíz de porque sientes esa sensación de buscar tener sexo con otras personas y en exceso. En qué punto está tu autoestima, gestiona tus emociones y aplica los consejos que te comparto en este libro. Si tienes pareja pídele ayuda para que pueda comprenderte, no creas que eres la única persona que está en esta situación, hasta famosos han pasado por esto. Pero eso sí, tampoco te lo tomes como una excusa. **Si quieres un cambio de verdad, ve a por él**. Que nada ni nadie te limite. Si no controlas tus emociones, entonces ellas tomarán el control y serás esclavo de ellas.

Toma conciencia del daño que puedes estar haciendo a la persona que tienes al lado, y si te ofrece su ayuda, dejará muchas cosas de su vida por intentar ayudarte. No juegues con las emociones de nadie, ni siquiera con las tuyas, se consciente de lo que ocurre en tu interior y sánalo cuanto antes.

Empieza a disfrutar de una forma diferente, sin tener que estar pensando todo el tiempo en mantener relaciones para alimentar tu ego. Escucha tu interior y no dejes que tu mente te traicione en emociones que no son ciertas. Vívelas de una forma en la que disfrutes con esa persona especial, y en cada momento que pases con ella.

"El placer es como ciertas substancias medici-
nales: para obtener constantemente los mismos
efectos, es menester doblar las dosis, de las cuales la última lleva consigo la muerte o el embrute-
cimiento."

HONORÉ DE BALZAC

LUDOPATÍA y TECNOLOGIA

La ludopatía es una adicción patológica a los juegos de azar, y a las apuestas. Aunque la persona sea consciente del riesgo que está teniendo en las apuestas y las consecuencias que pueda tener, no controla los impulsos para jugar. Su deseo es incontrolable y puede llegar a extremos en los que puede perderlo todo sin darse cuenta de ello hasta que no acaba el juego, y, aun así, buscará la forma para volver a jugar.

Jerónimo Saiz, miembro del Comité Ejecutivo de la Sociedad Española de Psiquiatría y patrono de la Fundación Española de Psiquiatría y Salud Mental, explica que "el juego asociado a la ludopatía es el que tiene lugar en bingos casinos y juegos online". Según el especialista, **"el ludópata es como un drogodependiente** que necesita el juego y hace lo que sea por jugar, es decir, convierte el juego en una primera necesidad urgente".

La Federación española de Jugadores de Azar Rehabilitados (Fejar) añade que el juego es patológico cuando la persona piensa, vive y actúa en función del mismo, dejando de lado o en un segundo escalón otros objetivos y necesidades.

Esta adicción es como cualquier otra, ya que se aíslan de su familia, amigos o pareja si la tiene. Miente para poder escapar al lugar de juego y más tarde vuelven a mentir por la pérdida del dinero. Su conducta puede ser agresiva, y/o distante, puede aparecer el síndrome de abstinencia, la falta de comunicación, etc…

Esta adicción a parte que muchos juegos pueden ser adictivos, ya que al fabricarlos lo crean para enganchar, puede ser debido, a la situación económica en la que te encuentres, muchas veces buscamos la vía fácil para conseguir dinero y creemos que es jugando y apostando. Cuando algunas ocasiones, tienes suerte de recoger algo de dinero, esto te incita más a seguir jugando para poder recoger más dinero, esto puede ser una reacción incontrolable hasta que pierdas todo, también he de decirte, que esta adicción muchas personas la comparten con el alcohol y/o la cocaína. Una cosa puede llevar a la otra. El alcohol llama a la cocaína, y esta te hace llevar al juego para intentar conseguir más dinero para poder seguir consumiendo las otras sustancias.

He visto familias destrozadas a causa de esta adicción, madres desesperadas por no saber cómo ayudar sus hij@s, personas que no sabían controlar los impulsos de su pareja, me han confesado que alguna ha llegado a agredir, solo por intentar defenderse y poder salir de la situación de discusión. No son capaces de mantener una conversación, ya que les has pillado van a intentar huir con algún motivo, y pueden hasta intentar darle la vuelta para que de alguna forma te intenten hacer ver, que el/la culpable eres tú.

"Hay dos ocasiones en la vida en las que el hombre no debería jugar: cuando no tiene dinero propio para ello y cuando juega su propio dinero."

Mark Twain

Cuento sobre ludopatía de los hermanos Grimm

Érase una vez un hombre que en toda su vida no hizo sino jugar; por eso lo llamaba la gente Juan «el jugador», y, como nunca dejó de hacerlo, perdió en el juego su casa y toda su hacienda.

He aquí que el último día, cuando ya sus acreedores se disponían a embargarle la casa, se le presentaron Dios Nuestro Señor y San Pedro, y le pidieron refugio por una noche. Respondiéndoles el hombre:

– Por mí, podéis quedaros; pero no puedo ofreceros ni cama ni cena.

entonces Nuestro Señor le dijo, que con el alojamiento les bastaba, y que ellos mismos comprarían algo de comer, y el jugador se declaró conforme. San Pedro le dio tres cuartos para que se fuera a la panadería a comprar un pan. Salió el hombre, pero al pasar por delante de la casa donde se hallaban todavía los jugadores que lo habían desplumado, éstos lo llamaron, gritando:

– ¡Juan, entra!

– Sí – replicó él -, ¡para que me ganéis también estas tres perras gordas!

Pero los otros insistieron, el hombre acabó por entrar y, a los pocos momentos, perdió los pocos cuartos. Mientras tanto, Dios Nuestro Señor y San Pedro espe-

raban su vuelta, y, al ver que tardaba tanto, salieron a su encuentro. El jugador, al verlos, simuló que las tres monedas se le habían caído en un charco y se puso a revolver entre el barro; pero Nuestro Señor sabía perfectamente que se las había jugado. San Pedro le dio otros tres cuartos, y el hombre, no dejándose ya tentar de nuevo, volvió a casa con el pan. Le preguntó entonces Nuestro Señor si tenía acaso vino, y él contestó:

– Señor, los barriles están vacíos.

Insistiéndole Dios Nuestro Señor a que bajase a la bodega, donde seguro que encontraría vino del mejor. El otro se resistía a creerlo; pero, ante tanta insistencia, dijo:

– Bajaré, aunque tengo la certeza de que no hay.

Y he aquí que, al espitar un barril, salió un vino exquisito. Se lo Llevó a los dos forasteros, los cuales pasaron la noche en su casa, y, por la mañana, Dios Nuestro Señor dijo al jugador que podía pedirles tres gracias, pensando que solicitaría, en primer lugar, la de ir al cielo. Pero no fue así, pues el hombre pidió unos naipes que ganasen siempre, unos dados que tuviesen igual propiedad, y un árbol que diera toda clase de fruta y que quien se subiera en él no pudiese bajar hasta que él se lo mandase. Le concedió Nuestro Señor los tres dones y se marchó en compañía de San Pedro.

Entonces sí que el jugador se puso a jugar de verdad, y, al poco tiempo, era dueño de medio mundo. Y dijo San Pedro a Nuestro Señor:

– Señor, la cosa no marcha, pues acabará ganando el mundo entero. Debemos enviarle la Muerte.

Y le enviaron la Muerte. Al presentarse ésta, el jugador se hallaba, como ya es de suponer, arrimado a la mesa con sus compinches. Le dijo la descarnada:

– ¡Juan, sal un momento!

Pero el hombre le replicó:

– Espera un poco a que haya terminado la partida; entretanto puedes subirte a aquel árbol de allá fuera y coges una poca fruta; así tendremos algo que mascar durante el camino.

La Muerte se subió al árbol, y cuando quiso volver a bajar, no pudo; allí la tuvo Juan por espacio de siete años, durante los cuales no murió ningún ser humano. Dijo entonces San Pedro a Dios Nuestro Señor:

– Señor, la cosa no marcha, pues no muere nadie; tendremos que ir a arreglarlo nosotros mismos.

Y bajaron los dos a la Tierra, donde Nuestro Señor mandó al jugador que dejase descender a la Muerte del árbol. Dirigiéndose él a la Muerte, le ordenó:

– ¡Baja! – y ella, al llegar al suelo, lo primero que hizo fue agarrarlo y ahogarlo. Se pusieron los dos en camino y llegaron al otro mundo. El jugador se presentó ante la puerta del cielo y llamó:

– ¿Quién va?

– Juan «el jugador».

– ¡No te necesitamos! ¡Márchate!

Fuese entonces al Purgatorio y llamó nuevamente:

– ¿Quién va?

– Juan «el jugador».

– ¡Ay!, bastantes penas y tribulaciones sufrimos ya

aquí; no estamos para juegos. ¡Márchate!

Y hubo de encaminarse a la puerta del infierno, donde fue admitido. Pero dentro no había nadie, aparte el viejo Lucifer y unos cuantos demonios contrahechos – los que estaban bien tenían trabajo en la Tierra -. Sentándose enseguida, se puso a jugar nuevamente. Pero Lucifer no poseía más que sus diablos deformes, a los cuales le ganó Juan en un abrir y cerrar de ojos, gracias a sus cartas milagrosas. Se marchó entonces con sus diablos contrahechos a Hohenfuert, y, arrancando las perchas del lúpulo, treparon al cielo y se pusieron a aporrear el piso hasta hacerlo crujir. Ante lo cual, San Pedro exclamó:

– Señor, la cosa no marcha; es preciso que lo dejemos entrar, pues, de lo contrario, derribará el cielo.

Y lo dejaron entrar, aunque a regañadientes. Pero el jugador enseguida empezó a jugar de nuevo, y armó tal griterío y alboroto, que nadie oía sus propias palabras. San Pedro volvió a hablar con Nuestro Señor:

– Señor, la cosa no marcha; debemos echarlo; si no lo hacemos, nos va a amotinar todo el cielo.

Arremetieron contra él y lo arrojaron del Paraíso, y su alma se rompió en innúmeros pedazos, que fueron a alojarse en los jugadores que todavía viven en nuestro mundo.

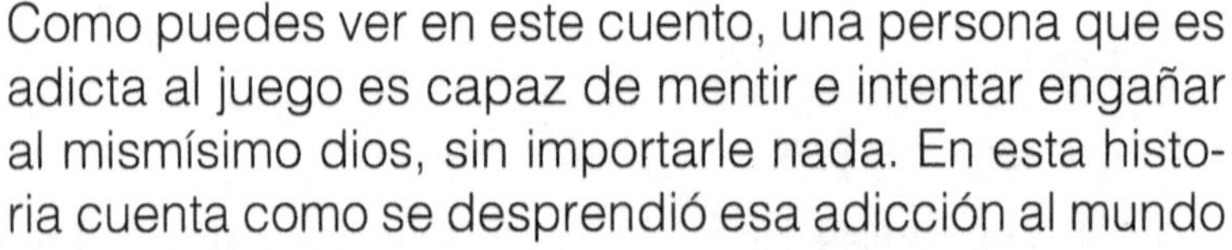

Como puedes ver en este cuento, una persona que es adicta al juego es capaz de mentir e intentar engañar al mismísimo dios, sin importarle nada. En esta historia cuenta como se desprendió esa adicción al mundo

por su codicia y las ganas de ganar, antes lo perdía todo, y hasta estuvo a punto de que le quitaran su casa, tuvo un golpe de suerte y se volvió codicioso, no le importaba la humanidad, le rio de la muerte, y hasta la tentó. No le importaba nada ni nadie en este mundo, nada más que ganar cuanto más dinero y a cuanta más gente mejor, porque así se sentía satisfecho de ser alguien importante, calmaba su sed, aunque le arrebatara a cualquiera todas sus pertenencias.

Y esto es lo que te puede pasar a ti si no te controlas, pero lo más seguro es que sea sin tener esa suerte, te pondrán arrebatártelo todo, pero esa codicia y el deseo de ganar siempre lo tendrás, y lo intentarás todas las veces que haga falta, porque así te lo dirá tu mente. Hazte esta pregunta

¿Crees que estás haciendo lo correcto?

Piensa un poco y reflexiona sobre tu situación, si no existiera el juego, ¿Qué soluciones tendrías para conseguir dinero? Seguramente las buscarías, y/o te encargarías de inventar la solución sin tener que llegar a esos extremos, y consiguiendo el dinero de una forma más saludable.

Todo esto no quiere decir que los ludópatas solo lo hagan por conseguir dinero, existen juegos en los que no se gana dinero, a parte de los casinos, las tragaperras, la lotería, las apuestas online, entre otras… existen los videojuegos que también pueden causarte una adicción importante, no solo les pasa a los niños, los adultos también podemos ser víctimas de esta adicción y no reconocerlo. Puedes ser un gran fan de las videoconsolas y videojuegos, pero la persona, que se pasa todo el día jugando y/o en el trabajo o cuando está fuera de casa solo está pensando en la hora de llegar para ponerse a jugar sin mirar una hora de acabar, esto también se le llama adicción, y puede tener las consecuencias que otras adicciones, como el mal humor, agresividad, mentiras, alejamiento, falta de comunicación.

Ahora que te he nombrado los videojuegos, me gustaría añadir otros ejemplos importantes como internet, o el teléfono móvil, vivimos en una época en la que no somos consciente de la poca relación que tenemos con otras personas a causa de un teléfono o cualquier otro aparato tecnológico.

¿Cuántas veces hablas con un amigo, familiar o pareja por teléfono todo el día, y cuando estas sentado al lado de él/ella en vez de disfrutar de su compañía estás hablando con otra persona por teléfono y/o estas metid@ en las redes sociales?

¿Cuántas veces necesitamos una aprobación, un me gusta o un comentario en cualquier red social para sentirnos alagad@s e importantes?

Déjame decirte, que un me gusta no te hace más importante, que una foto sexy podrá tener varios seguidores, pero lo importante es tener un seguidor que te mire con el alma y con el valor que te mereces. A ti te halaga tener 1000 me gustas, pero ¿tienes esas 1000 personas a tu lado cuando las necesitas? No busques fuera lo que tienes en tu interior, **no busques la aprobación de nadie, sino la tuya, no busques el amor mientras no te ames tú, y no pidas respeto mientras tú no te respetes**.

Cuando sientas que una persona te falte el respeto piensa en la ley del espejo, ¿Qué es lo que me quiere decir esta persona? ¿dónde estoy dejando de respetarme? **Todo lo que vemos en los demás en un reflejo de nuestro interior** que debemos de trabajar.

La vida de Pepe, era normal, tenía su pareja sus dos hijos, y trabajaban tanto él cómo su pareja, cada fin de semana salían a pasear, ya sea a conocer lugares de naturaleza, a la playa o a cualquier sitio para desconectar.

En una ocasión quedaron con unos amigos y se fueron a un bingo, solo las parejas. A este le gustó el juego y le llamaba mucho la atención esa sensación que sentía cuando le tocaba tanto dinero, se excitaba mucho cuando estaba a punto de ganar y finalmente lo hacía, tenía mucha suerte. Comenzaron a salir más a menudo y acababan en ese lugar. Se convirtió en una rutina. A su pareja, no le gustaba la idea de salir siempre y tener que dejar a los niños a sus padres, además, ella era precavida y pensaba en los pagos mensuales. Pero Pepe no hacía caso. Aunque ganaba, no era consciente que se gastaba mucho dinero para poder ganarlo después, y cuando lo ganaba.

El deseo de jugar fue más continuo y comenzó a ir cuando salía del trabajo, en ese momento fue cuando mentía a su pareja diciendo que se quedaba más tiempo en el trabajo. Otras veces se le hacía tarde y ponía la excusa de haberse quedado tomando unas cervezas con algún amigo.

Ellos tenían unos ahorros, y la pareja de Pepe no se daba cuenta del dinero que estaba derrochando. Simplemente porque sabía que los pagos mensuales se hacían correctamente. Asique no había ningún motivo para preocuparse. El humor de Pepe comenzó a cambiar, los fines de semana ya no salían como antes, a veces iban a comer a casa de alguno de sus padres y después le pedía a su mujer de salir con la intención de ir a jugar. Esta, a veces se negaba y otras veces le apetecía pasar un tiempo con él y se decidía a acompañarlo.

En una ocasión recibió una llamada del banco, preocupados por la falta de varios pagos, ella se asombró porque no sabía que podría ocurrir, asique decidió acercarse para ver qué era lo que pasaba. En ese momento fue cuando pudo comprobar que todos los ahorros habían desaparecido. En el banco le mostraron el derroche de dinero que había en los últimos meses. La mujer de Pepe estaba desolada, era un mar de lágrimas, no podía entender como habían llegado a esta situación. Y no quería creer que había sido por ir al lugar de juegos. Ya que solo lo hacían en ocasiones y Pepe últimamente trabajaba más horas.

Ese día Pepe no fue a comer, y llamó para decir que se le iba a hacer tarde. Entonces su mujer puso una excusa a su madre para dejarle a los niños y comprobar si era cierto que trabajaba a esas horas. Cuando llegó al trabajo de Pepe, se puso en un lugar donde nadie la veía, y pudo comprobar como él se metía en el coche y salía del trabajo. En ese momento empezó a llorar e imaginaba que le estaba siendo infiel, empezó a sacar conclusiones, del porqué de su cambio de humor, la falta de comunicación, el no tener casi relaciones sexuales...

Ella lo siguió para saber dónde era el lugar en el que se encontraba con su amante, la sorpresa fue cuando entró al lugar de juegos donde solían ir de vez en cuando. Esperó unos minutos y decidió entrar. Se sentó en la mesa donde él estaba y su cara fue de asombro al verla. No tenía argumento para excusarse. Ella decidió salir e irse a por sus hijos y a su casa. Pepe se quedó allí, sin importarle que había pasado, al ver que no hubo broncas, se quedó hasta el cierre.

Cuando llegó a casa le estaba esperando su mujer, y tuvieron una fuerte discusión, él seguía mintiendo y quería hacerle responsable a ella de todo lo sucedido. No pudo darle explicaciones sobre el dinero que habían perdido. Las deudas se habían acumulado de una forma que no podían pagar. A él le llegó una carta de despido a los pocos días por faltar en el trabajo y quedarse dormido en varias ocasiones.

Esa carta fue su punto de quiebre, ahí es donde se dio cuenta de lo que estaba ocurriendo. Había echado a perder su vida y la de su familia. estaba desconsolado y no sabía qué hacer, su mujer estuvo mirando un abogado para separarse.

Finalmente, Pepe le pidió perdón, y ayuda. Le prometió que iba a hacer todo lo que estuviese en su mano para salir de esa adicción. Aunque no lo tenía claro porque estaba dolida el amor que sentía por él, le ayudó y decidió darle una oportunidad. Aunque el camino fue angosto, no dejó ningún día en aplicar todo lo que se le decía. Pepe ahora comienza a hacer una nueva vida, dando gracias siempre de estar cada día junto con su familia. encontró un nuevo trabajo donde está muy a gusto.

Como puedes comprobar, ¿hasta dónde puede llegar una persona que está totalmente hipnotizada por esa adicción? Finalmente, no llegó a daños mayores. Pepe aplicó muchos de los consejos que te explico más adelante, y pudo llevar un cambio en su vida.

Por alguna razón, en algún momento de nuestra vida decidimos cambiar de camino solamente porque vemos que hay muchas complicaciones, y creemos que el otro va a ser mejor. Sin saber que te podrás encontrar. Los baches se solucionan pasándolos, algunos los podrás esquivar, otros serán leves y hay otros en los que deberás pasarlos poco a poco para saber cómo hay que afrontarlos. Si no los pasas, cuando te encuentres uno, tu deseo será escapar. Pero si ya has superado alguno de ellos, tendrás la total confianza en que pronto dejará de existir. Solamente, tienes que coger el volante de tu vida y afrontarlo como viene.

Las ardillas y el móvil, un cuento con adicción a las pantallas

- ¿Venís a jugar? -preguntó la ardilla Cascabel a sus amigos Cati y Link.

-No gracias, preferimos ver otro vídeo.

- ¡Os pasáis el día pegados a las pantallas! - les recriminó la ardillita. Y Cascabel tenía razón: desde que Cati y Link aprendieron a usar los móviles que se olvidaban los excursionistas, ya no hacían otra cosa que navegar por internet. Poco a poco, iban perdieron habilidades y como comían muchas avellanas y

apenas se movían, cada vez estaban más gordas.

Sólo Cascabel siguió trepando por las coníferas, ensayando saltos y acrobacias y manteniéndose en forma.

Un día, mientras Cati y Link estaban mirando el móvil apareció una serpiente negra y amarilla que se empezó a deslizar sigilosamente cerca de ellos, sin que se dieran cuenta. Cascabel, que veía la escena desde lo alto, avisó a sus amigos con un grito: ¡cuidado!, pero ellos estaban tan torpes, que tardaban mucho en moverse.

- ¡Oh no, los va a atacar! - exclamó Cascabel, y bajó todo lo rápido que pudo para intentar distraer a la serpiente. El reptil se fijó en ella y empezó a perseguirla, así Cati y Link pudieron ponerse a salvo.

Cuando Cascabel hubo alejado a la serpiente muy lejos del bosque, volvió junto a sus amigos.

- ¡Qué susto tan grande! - dijeron Cati y Link al unísono- ¡Si no llegas a intervenir nos habría atacado! ¡Y todo por estar jugando con el teléfono!

Las ardillas aprendieron esta lección: Que no te distraigan las pantallas de tus obligaciones diarias.

María O´Donnell

Este cuento nos recuerda que los niños también son un motivo para estar atentos hacia ellos, en los tiempos que estamos que deben de utilizar internet para los estudios y es más fácil tener acceso a las redes sociales, y a parte de ello, cada vez tiene un teléfono, más temprano, ya sea por la situación o por el simple hecho de como tienen los amigos, ellos también lo quieren. Que tengan un teléfono o no, básicamente no es problema si se lleva cuidado. Hay aplicaciones donde puedes bloquear muchas de ellas y no tengan acceso a ellas.

Hay que empezar a poner límites a los niños y/o adolescentes, ya que es en esa edad donde pueden comenzar a desarrollar una adicción. En mi segundo libro **Un adolescente sin RUMBO** te hablo de la adolescencia, si no lo has leído te invito a que lo adquieras.

Los videojuegos también son peligrosos para los niños, ellos se pasarían todo el día con ellos, y además si los dejas los acoplan los tutoriales de internet. Yo tengo un hijo adolescente y puedo confirmarlo. Hasta que me di cuenta y comencé a ponerle límites y horarios. Si no lo haces, no salen de casa, no se relacionan con los amigos, solamente estarían en la videoconsola, no salen de su habitación o del lugar donde juegan. Hay que ser fuerte, y ponerte en tu sitio, que ellos sepan cuál es tu lugar y cuál es el de ellos. si le dejas que juegue todo el tiempo que ellos quieren, llegará un momento en que no harán otra cosa.

Tuve un amigo, que era cercano a la familia, el cual era adicto a los videojuegos, aunque tenía novia, salían lo justo y si quedaban ofrecía su casa para cenar y echar unas partidas. Tenía toda clase de consolas. Se sabía todos los juegos. Si perdía se cabreaba. A parte de eso, bebía mucha cerveza y fumaba porros. Tenía un lugar solamente para sus juegos, donde nadie le molestaba. Mientras su pareja estaba en el salón viendo una película o leyendo, él se iba a jugar, a veces venia un amigo hasta entre semana y se pasaban la tarde y noche jugando.

La comunicación y el respeto se fue perdiendo en la pareja. era tal obsesión por pasarse las partidas que ni siquiera salía a comer. Se pasaban meses en los que no iba a ver a su familia. se apartó totalmente del mundo, solamente se relacionaba en su trabajo.

Su adicción a los videojuegos, junto con los porros y la cerveza, le costó perder a su mujer y su hijo. Él estaba muy seguro del amor que sentía ella por él, pero ella decidió irse de casa y relacionarse con gente. Además de eso, no le dejaba salir sola a la calle, por los celos que tenía. La vida de ella era a base de gritos, amenazas y humillaciones. Cuando ella quiso dar el paso, estaba en una rotunda depresión en la que no sabía cómo salir de ella. Sus amigas fueron la que le ayudaron y fue entonces cuando se alejó de este chico.

Como puedes ver, la ludopatía puede ser de varias áreas, no solamente en máquinas y juegos donde ganas dinero. **Los videojuegos crean una adicción donde pasarte un juego o una pantalla, te da la misma sensación que cualquier otra adicción.**

Somos capaces de dejar a todo nuestro entorno y ni siquiera darnos cuenta de ello. Solamente porque nos ofuscamos en ese juego que parece divertido, y seguramente lo sea y entretenido, pero a la vez, es muy adictivo. Debemos de poner un horario de juego, si se lo ponemos a los niños,

¿Por qué no a nosotr@s mism@s?

¿Cuántas horas dedicas a los videojuegos?

¿tienes discusiones por ello?

¿te relacionas con tu familia, pareja, amig@s.?

¿o vives solo enfrente de la pantalla?

No sé si esto te está ocurriendo a ti en este momento, pero estoy segura que conoces a alguien que si lo esté pasando, y puedas ayudarlo, aconsejarlo y hacerle ver que así no llega a ningún sitio en particular.

Responde a estas preguntas y que tu ego no sea más elevado que tu conciencia, párate a pensar en la vida que puedes estar teniendo, y si sales de esa dependencia todo lo que puedes disfrutar y vivir al lado de tu entorno.

"Cualquier realidad que reporte una recompensa excesiva, cualquier elemento de efectos euforizantes o calmantes, puede crear adicción. Que llegue o no a crearla depende de la vulnerabilidad de la persona, influida por la genética, la ansiedad y la depresión, entre otros factores. No todos desarrollamos adicciones."

John Grant

Aquí te expongo unas confesiones de famosos que también padecieron en alguna etapa de sus vidas algun tipo de adicción, quiero resaltar, que esta información la saqué de internet y ya estaba publicada, lo expongo con la mayor de mis intenciones para que puedas recapacitar en que si se puede salir de ahí, una vez eres capaz de reconocer que ocurre algo en tu interior que está controlando tus emociones. Te las comparto tal cual las leí.

James Franco. El actor confesó este 2017 a la revista 'Out' que comenzó con las adicciones cuando aún era adolescente. "Empecé con algunas adicciones justo cuando inicié mi carrera como actor, a los 17 años. Realmente me involucré en ella, se convirtió en mi todo hasta el punto que dejé de socializar. Después de unos 10 años de vivir así, o sea, cuando tenía unos 27 años, me di cuenta de lo que me pasaba".

Lindsay Lohan. La actriz habló públicamente y sin reparos de sus adicciones con Oprah Winfrey. "Soy adicta al alcohol", dijo, y añadió: "En el pasado, el alcohol fue la puerta de entrada a otras cosas para mí. La cocaína era más una cuestión de las fiestas: la gente la tenía y yo la tomaba. Iba de la mano del alcohol". La estadounidense admitió a la presentadora que consumió cocaína en 15 ocasiones.

Drew Barrymore. Con solo 11 años, la actriz ya tenía un problema con el alcohol, a los 12 se volvió adicta a las drogas, a los 13 se cortó las venas, y a los 14 se emancipó legalmente de sus padres. "Mi mente adicta me decía: 'Si fumar marihuana está bien, también lo estará probar cosas más fuertes como la cocaína". "Hoy puedo permanecer sobria. No quiero volver a mis viejas costumbres. Lo tengo claro. Ese es mi futuro. Un día a la vez. Soy Drew, y soy adicta al alcohol. He estado sobria por tres meses, dos semanas y cinco días, y estoy realmente orgullosa de eso", confesó en 1989 a la revista 'People', fue la primera vez que habló abiertamente de sus problemas con las drogas y el alcohol.

Demi Lovato. "No podía pasar una hora sin consumir cocaína", reconoció la actriz en una entrevista con el portal Refinery 29. La ex niña Disney reconoció que tocó fondo en 2010, momento en el que fue ingresada en un centro de rehabilitación. "Aprendí de golpe que no podía salir más de fiesta. Algunas personas pueden salir y que no se les vaya de las manos, pero no es mi caso", reconoció. La cantante confesó que estaba tan metida en la cocaína que pensó que no iba a llegar a los 21 años. "He vivido rápido y moriré joven, ni siquiera pensaba que llegaría a los 21", dijo a la revista 'American Way'.

Zac Efron. El actor estuvo en rehabilitación en 2013, pero no fue hasta este año que habló de su alcoholismo y el consumo de cocaína. Lo hizo en 'The Hollywood Reporter': "Es una lucha interminable. Estaba bebiendo mucho; demasiado". "Había hecho películas una tras otra, una tras otra. Estaba exhausto. Algo me hacía falta, como un tipo de vacío que en realidad no podía llenar. Estaba tan dedicado a mi trabajo, era lo único que tenía", explicó. Según contó el intérprete, ese vacío lo llenaba con la bebida y el consumo de cocaína

Fergie. En una entrevista con Nick Levine para iNews, la cantante reveló que su adicción a la metanfetamina fue tal que la llevaba a alucinar con que la CIA la buscaba. "En mi momento más bajo estaba sufriendo de psicosis y demencia inducidas químicamente. Alucinaba a diario. Me tomó un año librarme de esa droga, de los químicos en mi cerebro y dejar de ver cosas. Estaba sentada por ahí y veía abejas y conejos", contó. "Me movía por los pasillos de manera alocada, sentía que las cámaras de infrarrojos en la iglesia trataban de seguir mis movimientos. Recuerdo que una vez pasé corriendo por el altar hacia un pasillo y dos personas me perseguían. (...) Recuerdo haber pensado: 'Si camino hacia afuera y el equipo SWAT está por ahí es que tenía razón todo el tiempo. Pero si no están ahí, entonces son las drogas las que me hacen ver las cosas y terminaré en una institución. Si realmente son las drogas, no quiero vivir más así, de esta manera'. Salí de la iglesia y obviamente no había un equipo SWAT, era solo yo en un estacionamiento. Fue un momento de liberación". CORDON PRESS

Elton John. En una entrevista con el periodista Piers Morgan en el programa 'Piers meets Elton: a life stories special', emitida en 2010, Elton John admitió que sentía escalofríos al recordar su comportamiento. Morgan le preguntó que cuán cerca estuvieron las drogas de matarlo. El cantante respondió: "Muy cerca. Tenía ataques epilépticos que me hacían ponerme azul y la gente me encontraba en el suelo y me metía en la cama, y al cabo de 40 minutos estaba esnifando otra línea. Era así de deprimente, me quedaba hasta tarde, fumaba porros, me bebía una botella de Johnnie

Walker y entonces me quedaba levantado tres días y después me iba a dormir durante un día y medio". "Me levantaba otra vez y estaba tan hambriento al no haber comido nada que igual me comía tres bocadillos de beicon, un bote de helado y después lo vomitaba todo, porque me convertí en bulímico, y entonces lo volvía a repetir todo. Así de trágica era mi vida.

Robbie Williams. El cantante enterró su pasado de adicción al alcohol y a los estupefacientes, aunque asegura que a veces aún se siente tentado de consumir éxtasis. "No quiero beber, no quiero tomar cocaína. Estoy especialmente satisfecho porque no siento ningún tipo de impulso por la cocaína, pero lo cierto es que a veces sí pienso en tomar éxtasis", reveló el artista al diario 'The Sun' en 2016.

Brad Pitt. Este año el actor concedió la que probablemente haya sido su entrevista más íntima y sincera a la revista 'GQ', en la que habló de su adicción al alcohol y a la marihuana —lo que le costó su matrimonio con Angelina Jolie, según dijo él mismo—. "Bebía mucho. Se convirtió en un problema. Estoy muy feliz de que haya pasado medio año. Vuelvo a tener el control de mis acciones", dijo de su alcoholismo. También confesó que desde que salió de la universidad no solo consumía alcohol si no también marihuana y otras sustancias. "Dejé todo excepto las borracheras cuando empecé mi familia. Pero incluso este último año, ya sabes, estaba demasiado borracho", admitió. CORDON PRESS

Melendi. El cantante confesó en el programa de Risto Mejide que con 17 años comenzó a tomar cocaína y que se considera adicto a las drogas. Ha tomado cocaína, alcohol y varios tipos de fármacos. "Yo soy adicto porque no puedo probarlo, soy un enfermo crónico", dijo. "Yo tuve una época en mi vida en la que las sustancias me despojaron de todo lo bueno que me inculcaron mis padres". Aunque confesó que a veces consume marihuana. "Me fumo uno de vez en cuando, pero no consumo absolutamente nada de lo demás".

No nos olvidemos de la adicción al sexo, son muchos los famosos que han confesado tener esta dependencia, y según la información buscada te nombro alguno de ellos, **Rob Lowe, David Carradine, Michael Douglas, Lindsay Lohan...** entre otros. Alguno de los famosos según la publicación fueron diagnosticados con el VPH, virus de papiloma, algunos tuvieron otras causas, afortunadamente salieron de esa enfermedad.

Me gustaría que reflexionaras sobre estas publicaciones, las he añadido como ejemplo, para informarte que no eres la única persona que pasas por esta dependencia y que se puede salir de ahí, aunque no salgas en televisión. Hay muchas publicaciones de muchos más famosos que han confesado algun tipo de adicción en alguna etapa de su vida, y esto no es para nada vergonzoso, cuando tu reconoces que tienes un problema y haces todo lo posible para salir de esa dependencia y salir de ese estado, ya has hecho una gran parte del camino.

En muchas ocasiones, creemos que vamos a ser apartados por la sociedad, que nos van a criticar, que nos mirarán mal, nos despreciarán...

¿Y qué? Si te lo vuelvo a preguntar **¿Y QUE?**

Si has estado en una etapa donde has tenido baja autoestima sea por el motivo que fuese, y ahora, has decidido cambiar tu camino, **FELICIDADES.** Eso es un gran triunfo para ti, y no debe de importarte lo que piensen los demás. No te escondas, no sientas vergüenza, no te limites para hablar con la gente, en relacionarte. Sigue tu camino, y sobretodo ve a por ese cambio que te está pidiendo tu interior. **Que nada ni nadie te limite.**

Tu eres el dueño de tu vida, y aunque hasta hoy, has estado en esa adicción, ahora has decidido el cambio.

¿Tu familia te apoya? ¿y tu pareja? (si la tienes)

¿Y tus amigos? Nada más que haya una sola persona que lo haga, debes de centrarte en esa persona y confiar en su apoyo. Aunque de cien, solo haya una persona. No te centres en esos 99, céntrate en esa persona que confía en ti y ten la fuerza suficiente para salir de esa dependencia, y sobre todo en demostrarte a ti mism@ que puedes hacerlo. Yo si confío en ti, y sé que puedes hacerlo, es más, sé que lo vas a lograr.

Mi pregunta es ¿confías en ti? ¿crees que vas a lograrlo? Nadie nada más que tu debe de tener esa actitud positiva para salir de esa adicción, habrá personas a tu alrededor que te acompañaran, que intentarán ayudarte, pero si tú no tienes esa fuerza de voluntad, no podrán ayudarte como ellos quisieran.

Confía en ti y ve a por tu nuevo camino, a por esa vida sana y sin necesidad de ninguna dependencia para ser alguien o sentirte especial. Tú ya lo eres, pero no lo recuerdas. Hubo un tiempo donde te sentiste tan triste, tuviste ese tiempo donde todo se ponía en tu contra y sin darte cuenta caíste en esa dependencia. Ahora ha llegado el momento de romper con esa adicción y ser libre emocionalmente.

OTRAS ADICCIONES

Voy a hablar de una adicción que hasta hoy no se ha hablado nunca o por lo menos yo no he oído hablar de este tema como una adicción y así siento esta dependencia como tal, es la adicción al sufrimiento, sí como lo oyes, hay gente que es adicta a esperar a que pasen cosas malas. Solo espera a que pase cualquier cosa negativa para ponerse en el papel de víctima y solamente para llegar a un punto. Llamar la atención.

Buscan la oportunidad a enterarse del sufrimiento de alguien cercano para estar lamentándose todos los días y hacerse la víctima de su sufrimiento. ¿por qué pasa esto? por una simple razón necesita llamar la atención, esa persona necesita cariño y lo busca de esa manera, porque no sabe buscarlo de otra forma.

Déjame decirte que, si en algún momento conoces a una persona así, debes de pararle los pies. Más que nada porque esa persona está sufriendo y te puede contagiar a ti de su negatividad. Nos pensamos que una persona tóxica no puede llegar a hacer eso y entonces si la escuchamos sin pararle los pies y decirle en realidad lo que es, seguramente, caeremos en su misma vibración.

Debes de cortarle, decirle lo que piensas y sacar siempre el lado positivo de todo lo negativo que diga. Yo me encontré una vez con una persona, fuimos un tiempo amigas y bueno la verdad es que en todo momento era pesimista, todo lo veía oscuro, todo le parecía mal, sufría, se cabreaba, gritaba, cada vez que le dolía la cabeza a alguien, se pensaba que se va a morir porque a lo mejor le había salido un cáncer o cualquier otra cosa.

En el trabajo también se quejaba, al principio me contagiaba, cada vez que me juntaba con ella para tomar café o cualquier cosa me contagiaba de una forma que luego, me iba yo a casa hecha una calamidad, y no tenía ganas de nada. Cuando veía a mi gente me hacía pensar cosas similares, hasta que empecé a darme cuenta de que me estaba contagiando de su negatividad.

Cuando empecé a conocer los principios y un poco la Ley de la Atracción entonces fue cuando tuve un giro en mi vida y empecé a darme cuenta de que de que yo podía traer más de lo mismo y podía ser una persona similar a ella.

Entonces, lo mejor que puedes hacer es coger y parar, respirar volver a respirar, ser consciente de lo que te está pasando, de lo que te están diciendo y ver la forma de pararle los pies. Seguramente, se ofenda, pero poco a poco, irá viendo las cosas de otra forma, si es una persona agresiva que no quiere escucharte, mejor déjala, porque lo único que vas a hacer es discutir, pelearte y hasta pueden quedar mal las cosas. Más vale que te vayas alejando de esa persona poco a poco y nunca entres en conversaciones que sepas que pueden perjudicarte.

Si es negativa, en el momento en que empiece a hacer un comentario sobre ese tema lo mejor es coger y cambiarle de tema literalmente, le puedes hablar de cualquier otra cosa o decirle que todo está bien, si se calma bien y si no, le cambias de tema. Y si se enfada porque le cambias de tema, entonces, le explicas por qué, si lo entiende bien y sino más vale que te alejes de esa persona, porque lo único que va a hacer será contagiarte, te lo repito otra vez, la palabra contagiar te la voy a repetir muchas veces para que seas consciente de que si te juntas con una persona negativa al final acabarás siendo igual o peor.

A veces, pensamos que no somos influenciados unos por otros y yo te puedo decir, que sí. Te pongo un ejemplo, me acuerdo en una ocasión hablando con mi tía, ella perdió un papel muy importante que le hacía falta y me llamo asustada, y agobiada. Intenté tranquilizarla, pero no había forma, estuvo mirando todo el día en su casa removió la casa por todos lados y no aparecía el papel, de hecho, se creía que se lo había llevado otra persona sin darse cuenta. Yo le estuve explicando una fórmula para encontrar cualquier cosa que se te pueda perder.

Cuando se me pierde algo que quiero buscar y encontrar, lo que hago es rezar, con la oración entras en un estado en el que tu mente se calma y tu subconsciente está activo entonces estás en modo Alpha y te mueves según los sentidos de tu alma. Esta es la forma en la que yo entro en ese estado, mi mantra son rezar tres padres nuestros, pero no lo rezo de forma habitual, sino tres padres nuestros dobles. Primero, rezo uno doble, es decir, un trozo y lo vuelvo a repetir. Por ejemplo, Padre Nuestro y repito Padre Nuestro, que estás en el cielo y repito que estás en el cielo… y así sucesivamente. Normalmente si te equivocas ese objeto o aquello que estés buscando, no lo vas a encontrar, pero si entras en ese estado Alpha, en el que te dejas llevar por tu subconsciente, él te va a guiar, porque tú estás orando y pensando en el objeto que quieres encontrar, eso es muy importante, mientras que estás orando tienes que estar pensando en aquello que quieres encontrar, si se te ha perdido un papel importante o cualquier objeto o cualquier cosa, seguramente te guiará, como yo pude desde mi casa guiar a mi tía, que vive a cinco kilómetros de donde vivo yo.

No quiero que opines sobre lo que te estoy diciendo, lo que me gustaría es que lo pongas en práctica y me digas si te funciona o no te funciona, hazlo y ya me dirás.

Este ejemplo que te acabo de poner es para que puedas comprobar que estamos conectados los unos con los otros, y mientras yo oraba, mi tía me escuchaba e inconscientemente entro en un estado igual que el mío, cuando se quiso dar cuenta tenía ese papel en la mano.

Todos hemos venido a esta vida por un porqué, y no necesariamente a perder el tiempo, yo soy de las personas que creen, que en la vida cuando tenemos dificultades o resistencias es porque en otra vida nos quedaron cosas pendientes que hacer y en esta tenemos que saldarlas para seguir adelante con nuestro propósito.

Piensa que, si en este momento estás afectado por una adicción, no vas a poder llevar a cabo tú propósito y no vas a saldar el aprendizaje qué tienes de otra vida pasada, tienes que sanar tu alma para que sepas cuál es tu propósito y la forma de ayudar a los demás. Todos tenemos un don y sabemos que podemos ayudar al mundo a hacer algo, tú en este momento tienes la autoestima por el suelo o cualquier persona que conozcas (si no es el caso que tienes la adicción) pero puedo asegurarte, que sí te ayudas a ti mism@ o ayudas a esa persona que tienes al lado, a salir adelante o a ver las cosas para que ella quiera salir, te aseguro que va a ser beneficiado en todo momento desde el primer momento por su persona.

Estos son los principales pasos para salir de una adicción:

ADMITIR ESA ADICCION: el primer paso que debes de dar es admitir que eres prisionero de una adicción en la que no sabes cómo salir. No te sientas inferior a nadie, ni sientas vergüenza por ello. Haber dado este paso es de valientes. La mayoría no reconoce este problema como suyo para no manchar su ego.

PIDE AYUDA: si te encuentras perdido en cómo salir de esta situación, pide ayuda. Ya sea a tu familia, a tus amigos, a tu pareja. es una etapa dura, ya que debes de cambiar esos patrones que los has estado alimentando durante mucho tiempo y ahora toca darle la vuelta a la tortilla. Debes de tener paciencia, y sobretodo ser consciente de todos los altibajos que puedes pasar. No te vengas abajo, al revés, es una situación de superarte a ti mism@ y **TODO ESFUERZO TIENE SU RECOMPENSA**. Mira hacia el futuro y piensa en ese momento en el que estás viviendo sin necesidad de eso que te perjudicaba. siéntelo como si ya no tuvieras que necesitarlo. Cada vez que te vengas abajo, piensa en las cosas positivas que vas a lograr y a tener.

PIENSA DE DONDE VIENE ESA ADICCIÓN: debes de buscar el origen que te llevó a tener esa adicción, una emoción, un abandono, una pelea, una necesidad… debes de ir poco a poco analizando cada momento hasta que te lleve a su lugar de origen y puedas sacar ese problema de raíz.

EVITA LAS MALAS COMPAÑIAS: debes empezar a cambiar de compañías, me refiero a esas que tiene la misma adicción que tú, porque si no lo haces no vas a conseguir nada. Si tú quieres cambiar, tu entorno también debe de ser un cambio, no puedes estar en el mismo lugar si quieres dar un cambio a tu vida.

Cuando te sientas perdid@ ante una situación que no sabes cómo ha llegado a tu vida, y no sepas gestionarla, párate y hazte las siguientes preguntas:

¿Qué es lo que tengo que aprender de esta situación?

____

____

____

¿Cuál es el lado positivo de lo que me está sucediendo?

____

____

____

¿Qué es lo peor que podría pasar?

____

____

¿Por qué puede estar pasando esto?

____

____

____

¿Cuál es el origen de esta situación?

____

____

____

¿Puedo cambiarla?

____

____

____

¿Cómo?

____

____

____

Ahora, me gustaría que hicieras lo siguiente:

Piensa cuándo fue la primera vez que consumiste esa sustancia o tuviste esa dependencia adictiva, y cuál fue la emoción que te hizo tomarla.

¿Estabas triste? ___________

¿Qué te ocurría?

____

____

____

¿Fue por diversión? ___________

¿Por complacer a alguien? ___________

Reflexiona sobre estas palabras y escribe lo que ver-
daderamente sientas.

____

____

____

____

Ahora, piensa en las siguientes veces que lo hiciste y
escribe el porqué de esa consumición.

____

____

____

____

____

Reflexionar te va a venir para darte cuenta de donde vino el problema, y poder sacarlo de raíz.

Mi intención es que saques todas tus emociones y que llegues al lugar de origen de donde vino esa adicción y el porqué. No me gustaría que te sintieras agobiad@ y que dejaras estos ejercicios, al principio te sentirás agobiad@, pero es normal. Cuando acabes este libro y hayas aplicado todos los consejos que te doy, puedo asegurarte, que ya no serás la misma persona que empezó al principio. Solo tienes que ser perseverante.

Sigue más adelante y piensa y escribe qué es lo que te llevó a estar hoy en esta situación, escríbelo.

____

____

____

____

____

¿Lo has hecho? Estupendo.

¿Estás preparad@ para salir de esa adicción?

____

Si la respuesta es afirmativa déjame darte la enhorabuena. **El camino puede parecer difícil pero cuando lo consigas te vas a sentir de una forma muy especial.**

Me gustaría que ahora hicieras una carta de despedida a esa adicción, y lo hagas de una forma en que sepas que nunca vas a volver a visitarla, asegúrate de decirle todo lo que te ha causado y no tengas miedo ni reparo en soltar todo lo que sientes por ella, ahora que sabes cómo te perjudica. una vez lo has escrito, no hay vuelta atrás. estas dando tu palabra, y queda reflejada en estas palabras.

CARTA DE DESPEDIDA A ESA ADICCION

Querid@ ______________________

Fecha _________ / _______ / _________

Firma____

Te felicito, por esta maravillosa carta y por todo el valor y coraje que has tenido a dejar eso que tanto te perjudica a atrás.

Ahora empieza una nueva vida para ti, y deseo que estén llenas de bendiciones.

Vamos al siguiente capítulo donde encontrarás unos ejercicios para aplicar día a día, y no te dejes engañar por tu mente para volver a tu zona de confort.

No mires atrás y preguntes ¿Por qué? Mira adelante y pregúntate: ¿Por qué no?

Anónimo

¿CÓMO PUEDO AYUDARTE? 

Me gustaría ayudarte de una forma en la que pudieras ver una salida desde ese pozo qué andas metid@, no quiero que cierres el libro y no hagas nada, mi propósito es que tomes acción y que veas las cosas de una forma que te hagan reaccionar. En primer lugar, quiero decirte que no eres el/la únic@ qué has estado en una adicción ni estará.

Me gustaría que tomaras ejemplo, si fueras también una persona que saliera de una adicción, el primer paso para ello es reconocerlo.

Hasta que no reconozcas que tienes un problema, nadie ni nada podrá ayudarte. Una persona que reconoce que tiene algo que solucionar, sinceramente se para a reflexionar, pide ayuda y toma acción, tú puedes ser una de ellas, **adelante confío en ti y sé que lo vas a lograr**. Quiero ponerte algunos ejercicios y algunas pautas para qué vayas realizando poco a poco, tampoco quiero que te agobies. Me gustaría que los hicieras a medida en los que tú te vayas sintiendo bien, prefiero que hagas uno al día, que lo vayas incrementando poco a poco y que los apliques todos en algún momento.

Quiero añadir que estos ejercicios puede realizarlos todo aquel que quiera, no solamente la persona que tiene una adicción. Ten en cuenta que, en algún momento de nuestra vida, hemos soportado cualquier cosa que nos estaba perjudicando. No hemos sido adictos, pero si co-adictos.

Principales pasos para acabar con esa adicción:

-Reconocer esa adicción

-Hacer una reflexión sobre esa adicción y como nos sentimos ante ella

-Reconocer a los de tu entorno más cercano esa adicción

-Pedir perdón si se ha hecho daño a alguna persona

-Comprometerte al cambio

Estos son los principales pasos por los que debes de empezar para poder combatir cualquier tipo de adicción. El principal de todo, es **reconocer** que tienes un problema con esa adicción. Nos cuesta mucho reconocer cuando estamos equivocad@s, y no hay nada de malo en ello, cuando reconoces que algo no anda bien y sabes el porqué, en ese mismo instante podrás comprobar esa liberación de emociones que te estaban limitando y encerrando en ti mism@.

Luego debes de **reflexionar** ante esta situación:

Escribe cómo te sientes en el momento antes de realizar lo que te causa adicción, ya sea beber, consumir cocaína, o cualquier otro tipo de droga, el sexo, las máquinas los juegos, etcétera... Este es el ejercicio en el que te vas a dar cuenta de todas esas emociones que tienes y en ningún momento has prestado atención. Este ejercicio, te va a ayudar a comprender cómo te sientes en ese momento y cuando vayas a hacerlo te vas acordar de la sensación que acabas de anotar.

Antes de consumir (escribe la adicción) esta es mi sensación.

Ahora haz el mismo ejercicio pensando en cuando estás actuando ante esa adicción. Me gustaría que te centrarás en ese momento y pensabas cuando estás ante esa situación y qué es lo que está sintiendo esa emoción que siente y por qué reflexiona sobre eso.

Así me siento cuando lo hago (escribe todo lo que sientas)

____

____

____

____

____

____

____

____

____

El tercer ejercicio es igual que los dos anteriores, pero lo vas a hacer pensando en cómo te sientes después. Cómo te sientes cuando ya has hecho la labor con esa adicción, ¿qué es lo que sientes cuando has tenido una relación con una pareja? ¿o con varias? ¿después de ese deseo descontrolado cuando te has metido ese gramo de cocaína? ¿cuándo te has inyectado la heroína? ¿cuándo te ha gastado el dinero en los juegos? ¿cuándo te has bebido esa botella de alcohol?

Expresa cómo te sientes y suelta todas las emociones y reflexiona sobre ello.

____

____

____

____

____

____

____

____

____

____

Debes de expresarte tal cual lo sientes, no te guardes ninguna emoción, ya que sino no vas a poder sacar de ti aquello que más te duele. Debemos de ser conscientes y aceptar cada cosa que nos pasa para luego así poder liberarlo, si tú no reconoces que has sentido dolor, sufrimiento, paz, alegría… no vas a saber el por qué haces esas cosas y entonces tendrás más consecuencias emocionales. No tapes nada, nadie lo va a leer a no ser que tú quieras compartirlo algún día.

Estos ejercicios son para ti para poder liberarte y para poder meditar sobre la situación que quieres.

Ahora lee todo lo que has escrito en los tres ejercicios y cuando acabes de leerlo haz una reflexión de cómo te sientes. Anota todo lo que has sentido al leerlo y si te sientes a gusto ahora para volver a hacerlo.

Reflexión.

____

____

____

____

____

____

____

____

____

____

El Perdón: El perdón es muy importante para nuestra alma, la libera de una carga que no le pertenece, la ira, el rencor, resentimiento y todas esas emociones que sentimos cuando estamos cabread@s con algo o con alguien, lo único que no causa es carga en el interior.

El perdón es muy importante para sanar tu alma, si no te perdonas, ni perdonas a las personas, tu alma siempre estará condenada, porque sentir rabia sentirás y también sentirás confusión. Lo primero que tienes que hacer es perdónate a ti mism@, haz una carta donde te pidas perdón, contar todo lo que te venga a la mente.

Si tienes que llorar hazlo, si tienes que gritar hazlo, en un lugar donde nadie pueda molestarte escribe todo aquello que sientes y en lo que tengas que perdonar, no tengas miedo, ni dudas, ni vergüenza, es tu perdón y nada ni nadie, tiene que detenerte. Saca todo aquello que lleves dentro y limpia tu interior. Porque si tú no te perdonas, nadie podrá perdonarte. Cuando tú te perdonas no hay nada que te pueda condenar, ahí tú no eras consciente de lo que hacías, no te dabas cuenta del daño que te estabas haciendo, y que estabas haciendo a los demás, por eso perdónate, yo ya te he perdonado.

Vamos a empezar por ti, debes de escribir una carta donde te perdonas por todo lo que has hecho hasta ahora, en lo que hayas podido hacerte daño y/o perjudicarte.

Puedes hacer una carta, o varias, como desees. Puedes hacerlas por áreas. Si tienes una o dos adicciones. Puedes pedirte perdón por ellas, por tus emociones, por el comportamiento con la familia, con los amigos… o como te he comentado, puedes escribir una donde esté todo en general, pero asegúrate de perdonarte por todo.

Puedes comenzar así;

Yo ___(Aquí escribe tu nombre)___

____

Me perdono por (escribe tu carta)

O también puedes hacer en segunda persona si ves que te es difícil. Por ejemplo… (tu nombre…) y escribes quiero pedirte perdón (y escribes todo lo que le dirías a tu yo)…

———————————————————————————————

———————————————————————————————

———————————————————————————————

———————————————————————————————

———————————————————————————————

———————————————————————————————

———————————————————————————————

Ahora haz el mismo ejercicio, pero pidiendo perdón a todas las personas que hayas hecho daño en cualquier momento de tu vida, a tu madre, a tu padre, herman@s, amig@s, familia, vecin@s… a todo aquel que tú sientas que le has hecho daño consciente o inconscientemente. Escribe una carta pidiendo perdón, si sientes que debes entregársela, ¡hazlo! No tengas dudas, ponte delante de esa persona, no todo el mundo es valiente para hacerlo, así que, si tú tienes esa espina no te detengas, eso solo lo hacen los más valientes, los que se ven capaz de llorar delante de una persona pidiendo perdón mirando a los ojos.

Estas cartas puedes hacerlas mejor en una libreta, y tenerla solo para eso.

Una vez liberad@ de ese perdón verás cómo te sientes diferente, con el alma llena de luz, llena de vida; verás cómo tienes ganas de seguir sacando esos sentimientos que te limitan. Una vez acabada asegúrate de haber sacado todo y haber liberado y perdonado del todo, no te dejes nada. Y recuerda que una vez perdones ya no hay que volver a revivir ese momento ya que está sanado. Es muy importante que lo hagas bien para sacar la rabia, ira, rencor, miedo y/o cualquier emoción negativa que tengas en tu interior.

"El perdón consiste en liberar el alma de una carga que no nos pertenece, suelta de corazón y el alma descansará…"

María José

Estoy feliz de que hayas hecho este ejercicio, porque significa que has empezado tu liberación, quiero seguir ayudándote, así que vamos con el ejercicio del espejo.

No hay más ciego que el que no quiere ver, pues bien, vamos a enfrentarnos a nuestro yo. Me gustaría que te pongas delante del espejo y te mires.

Quiero que te hables, que digas lo que sientes al verte en este momento, fíjate en tu mirada, en tus pupilas y busca dentro de ellas, ahí está tu alma, busca en tu interior si te da rabia siéntela, saca esas emociones que te vienen, no te dejes nada dentro. Llora si hace falta, no pasa nada porque llores. Libérate, poco a poco te verás diferente frente a él. Seguramente al principio, puedas sentir vergüenza o simplemente creas que es una tontería, **una persona mirando a los ojos dice la verdad,** así que cada vez que te mires al espejo y te digas lo guap@ que eres, lo maravillos@, lo buena persona. Cada vez que te digas cosas positivas, elevarás tu autoestima de una forma en la que ya no sentirás ese rechazo que sentías al principio de hacer este ejercicio.

Cuando empecé a hacer este ejercicio, me daba mucha vergüenza y me alejaba, pero poco a poco este ejercicio lo utilizaba como un juego y ahora cuando me pongo delante de un espejo, ya sea en mi casa o en cualquier otro lugar me miro y sonrió para mí. Me miro a los ojos y veo esa mirada cada vez distinta, más bonita, más alegre, más feliz. Eso nos pasa porque nos ocupamos tanto de estar tan pendiente de los demás que nos olvidamos de nosotros, sobretodo de nuestro interior.

Cuando tú te miras al espejo y te dices lo guapo@ que eres, al principio seguramente te sentirás ridícul@, rar@ y hasta te dará vergüenza, no pasa nada es lo que tú sientes en este momento, repítelo. Repítelo cuántas veces sea necesario hasta que te lo creas, hasta que te mires a los ojos y te veas esa cara tan cambiada, esos ojos más brillantes, esa sonrisa más sorprendente, porque dentro de ti hay mucha luz.

Tú eres una persona que ha venido aquí a brillar y esa adicción no tiene porqué lastimarte es algo que se genera dentro de ti para destruirte y tú no lo vas a permitir.

Afirmaciones: cada día al levantarte, escribe tres afirmaciones, que te motiven durante todo el día. Cuando te sientas decaíd@ o te venga un pensamiento negativo coge el papel y repítelas. Después da gracias al Universo, al Padre, a Dios…como tú más te conectes con él.

Puedes poner cualquier frase, pero que sea la que te motive para seguir adelante.

Cada vez que sientas la necesidad de tomar esa sustancia o de hacer aquello que te crea adicción, como la ludopatía o el sexo piensa en estas frases que son mantras para ti. Y te ayudarán en cada momento a cambiar el enfoque del pensamiento. Yo sé que te puede costar, pero poco a poco irás generando unos patrones nuevos en los que te enfocarás en ellos y nadie te va a detener porque tú vas a ser diferente, tú vas a ser una persona que todo el mundo va envidiar. Todo el mundo hablará, pero de lo bien que estás y de la transformación que has tenido, piensa en ello.

Otro ejercicio que puedes hacer es parecido a la meditación. **No hay mejor remedio que dejar tu alma en reposo sin hacerle daño con ninguna sustancia.**

Ponte en un lugar tranquilo donde nadie pueda molestarte, con una música agradable que te guste, relajante y reflexiones sobre todo lo que has hecho mientras que consumías o hacías. Vamos a hablar en pasado porque tú ya no la tienes, piensa y dime cómo te sientes. Quiero que vayas pensando poco a poco hasta llegar al primer momento en donde consumiste por primera vez, al principio de esa agonía. Me gustaría que llegaras al momento de cuando te lo están ofreciendo y digas que no, tu no necesitas eso, libérate, siente esa sensación de paz y libertad al decir que no.

Haz este ejercicio todos los días para soltar la necesidad de tener que buscar aquello que te causa adicción.

En las siguientes líneas te daré una meditación para que hagas todos los días y vayas soltándote, liberándote de todo ese estrés y vayas liberando las toxinas por tu respiración, verás cómo te vas sintiendo mejor.

Ahora anota todo lo que has sentido y cómo te sientes al haber hecho este ejercicio, escribe todo tipo de detalles. Cuando hagas el primero asegúrate de escribir después tu sensación, así podrás diferenciar de un ejercicio a otro el cambio que estás dando.

Seguramente, los primeros días serán iguales, pero poco a poco irás cambiando y ni siquiera lo notarás cuando lleves un mes de diferencia y veas el primer día y al mes siguiente. entonces es cuando notarás esa diferencia.

Meditación:

En un lugar tranquilo, donde no te pueda molestar nadie, túmbate o ponte de una forma en la que te sientas cómodo.

Céntrate en tu respiración, e inhala por la nariz y exhala por la boca durante 5 veces.

Siente como tu respiración va cambiando, cada vez estás más tranquil@.

Cuenta hasta diez y cuando llegues al 10 nota como entras en un estado aún más relajado.

Sientes como una mano se tiende delante de ti, y quiere que la cojas, esa mano quiere llevarte hacia un camino, pero esta muy oscuro, sabes que no te lleva a un buen lugar, pero tienes curiosidad por saber de qué se trata, y decides agárrate de ella. Entras a unos lugares donde hay mucho ruido de gente, mucho humo, casi no puedes respirar, pero te saludan como si fueras uno más de ese lugar y eso te agrada.

Tú ya sabes dónde te acabas de meter, piensa unos segundos, en todo lo que has hecho hasta ahora, agarrad@ de esa mano en ese camino largo lleno de oscuridad.

¿Eres feliz?

¿cómo te sientes? Ahora mírate dentro de 5 años.

¿Sigues en esta vida? ¿eres feliz?

¿Qué te dicen los de tu alrededor?

¿y cómo está tu familia? ¿sufre?

¿Han muerto viéndote así? ¿Cómo te sientes? Siente esa sensación que te invade y recorre todo tu cuerpo.

Ahora vuelves al lugar donde viste esa mano, pero te has dado cuenta, que hay otra, una más bonita,

con mucha luz, coges esa mano y te lleva hacia un camino diferente, donde todo es precioso, conforme te vas acercando ves todos los colores de la naturaleza. Por un momento miras hacia atrás y te das cuenta del camino que cogiste anteriormente, todos los de tu alrededor que han cogido ese otro camino, allí están parados, en ese lugar donde la adicción mata, ¿Cómo te sientes al verlos? ¿estás orgullos@ de haber elegido esta mano de luz? ¿cómo te sientes?

Ves 10 años adelante, y mírate, estas sano, fuerte, con una pareja espectacular, con tu familia. ¿te sonríen? ¿eres feliz? ¿cómo te sientes?

Ahora has podido vivir los dos caminos, el oscuro, ese que solo existe la ansiedad, el mono, la rabia, la ira… y el de la luz, donde se abren puertas en cada obstáculo que se presenta, la salud, la alegría, el amor….

Conecta en la situación que vives en este momento, estás atravesando un camino duro, y has decidido cambiar. Respira profundamente y nota como esa adicción sale de tu boca, inhala luz y exhala esa oscuridad. Siente como te liberas de esa dependencia y te llenas de energía.

Vamos hacia atrás, hacia la última vez que consumiste, te sientes satisfecho, aunque no feliz, eso hoy lo notas diferente, no te convence como antes. Es diferente y no te ha gustado nada. Inhala y siente como una luz entra en tu cuerpo y recorre cada parte de él, y exhala toda la mala energía que has gestionado hasta ahora.

Vamos al lugar de origen donde por primera vez hiciste aquello que te causó hoy una adicción. Estas allí y te ofrecen, mira el momento en cuando decidiste decir que sí. Siente ese momento. ¿Te ves? Sal de tu cuerpo y mírate hacia dónde vas. Ahora mientras que te ves cómo se acerca, piensa en unos segundos todo lo que has vivido a causa de eso. ¿te ha beneficiado?

Llámate y páralo, habla con tu yo del pasado y explícale hacia dónde va, cuéntale como estas hoy. Convéncele para que no vaya. Agárralo con tu mano y llévalo a casa. Allí esta esa persona que tanto quieres y que seguramente habrá sufrido. Háblale y dile que no lo has hecho, que todo está bien. Dale un beso y abrázale. Siente ese amor que dejaste de tener por tu abandono y no lo sueltes nunca.

Ahora respira profundamente, y suelta todo el aire que te queda de esa adicción. Siéntete liberado y comienza a notar esa nueva energía que corre por todo tu interior, esas ganas de vivir, de hacer cosas diferentes. Esa fuerza que te motiva al cambio. Siente como los tuyos te sonríen y celebran tu éxito, ese cambio que tanto deseaban por fin se va a cumplir. Siente mientras sigues relajado esa sensación de paz, de armonía y de ganas de ser feliz y sobretodo de libertad emocional. Tomate un tiempo mientras que sales de la meditación y disfruta de tu nueva vida.

Ahora ya sabes cómo te sientes al salir de esa dependencia, y puedes escoger qué camino seguir, solo depende de ti de que lo consigas.

Recuerda que tu camino lo eliges tú, solo debes saber por cuál te decides.

Me gustaría ahora, hablarte de tu niñ@ interior, es muy importante que sanemos las heridas del pasado y que mejor que hacerlo con nuestro niño interior.

Tu niñ@ interior seguramente sufrió en alguna etapa de tu vida, por cosas insignificantes pero que poco a poco a ti te crearon unas dependencias en las que no supiste salir, en algún momento todos hemos pasado por algo, yo misma he pasado por muchas referencias, en las que me formé yo sola un círculo vicioso que no supe salir hasta que no encontré a mi mentor, dicen **que cuando el alumno está preparado aparece el maestro** y ahí apareció el mío, en mi punto de quiebre.

Tu niñ@ interior está llorando, está sufriendo y por eso tú no sabes porque te pasan esas cosas. Si estás dispuesto a sanar a ese/a niñ@ que llevamos dentro, te indico unos pasos para poder hacerlo.

Busca un momento cuando eras niñ@ y llorabas por alguna razón que para ti fue doloroso y visualiza esa/e niñ@ de 4 años, mírale a sus ojos y vive ese momento. Háblale, dile que no se asuste y cuando veas que está tranquil@, cógele de la mano, sonríele y dile lo guap@ que es. Hazte su mejor amig@, y tranquilizal@, dile que tú vas a estar siempre ahí, que no pasa nada. Que cuando sea mayor, todo habrá pasado, dile que te mire, y que confíe. Que todo va a estar bien.

Vive cada momento de angustia, como si fuera ahora, con tu niñ@ interior, cogid@s de la mano. Piensa en algún momento de tu vida en esa edad en que lo pasaste mal, y revívelo de nuevo, pero ahora acompañada contigo de mayor, dile a tu niñ@ interior que vais a superar esto junt@s y verás cómo poco a poco van desapareciendo todos esos momentos que de vez en cuando te invaden. Tienes que sanar desde el primer momento tu interior. **Si tu cambias todo cambia**.

Y cuando tengas que pasar algún desafío, sigue con tu niñ@, él está ahí y los dos seguís superando juntos todo lo que venga.

Cuando sanes a tu niñ@ interior de cuatro años, empieza con el de ocho, haz exactamente lo mismo que con el de cuatro, y después lo harás con el de quince, si en ese momento ya estabas metido en esa adicción, no pasa nada, háblale de dónde estás hoy y de todo lo que has pasado para sanarl@, haz que confíe en ti y dile que todo eso no lo necesitas, que lo necesitas a él/ella, viv@, fuerte, brillante, saludable, feliz.

Abrázal@ como esa persona que tanto necesitas, eres tú, es tu niñ@ interior, abrázal@ y no lo sueltes nunca de la mano y sobre todo respétal@.

Este ejercicio es muy bonito porque poco a poco, vas a ir recordando momentos en los que ni siquiera te acordabas. A mí me sirvió mucho porque cuándo tienes miedo de algo y empiezas a sanar tu niñ@ interior, recuerdas cuando en el colegio se rieron de ti, o te empujaron o te dejaron sol@ y hoy eso es insignificante, pero en ese momento, para ti que no lo era y no lo comprendías, por eso es bueno coger y sanar esa/e niñ@ interior y que confíe otra vez en ti, aunque no lo creas lo vas a lograr.

Bien, me gustaría que hicieras lo mismo que en el ejercicio anterior, anota cada vez que hagas este ejercicio, por lo menos una vez a la semana.

-Cómo te vas sintiendo

-Qué es lo que estás sanando

-La historia que has vivido y

-Cómo te sientes al sanarla.

Verás el cambio liberador que has sentido en tu interior, verás la forma que cambias en tu exterior, pero sobre todo en tu interior porque cuando tu interior se va sanando, tu exterior también lo hace, tus ojos, tu sonrisa, tu cara, esa luz que tienes que se refleja desde dentro hacia fuera.

Esta es mi niña interior, con la cual he sanado muchas cosas, quería presentártela. y te animo a que tú también lo hagas ¿a qué esperas?

Hazlo, sana a esa/e niñ@ y cuando te vengan recuerdos que ni siquiera te acuerdes de ellos, pero que son importantes y los sanes. Cuéntamelo, envíame un mensaje con tu historia, para que otras personas puedan ver el cambio, así ayudarás tú también a aquellas personas que no se atreven a hacerlo, o tienen pereza en ello. Vamos a crear un mundo de personas sin dependencia emocional y sin adicciones. Libres e independientes. Para que nada ni nadie nos limite.

Me siento feliz de saber que estás haciendo todos estos ejercicios, porque sé que te van a venir genial ya seas adicto o co-adicto, te van a venir muy bien para salir de esa dependencia, eres una persona y un ser maravilloso, porque todos tenemos un don y no dependemos, ni de nada ni de nadie, acuérdate, quiero que lo lleves siempre en mente, siempre.

Ni para el amor, ni para el dinero, ni para nada, **tú eres la única persona que sabe salir adelante por sí sola, no necesitas nada, solo a ti, no dependes de que nadie decida por ti,** no dependes de que nadie haga las cosas por ti, porque:

- No hay mayor satisfacción que hacerlas por ti mism@.

- Porque por tu esfuerzo serán las bendiciones que te lleguen. - Porque te sentirás bendecid@, solo por ayudarte a ti solo por conseguir aquello que anhelas.

Llegará un día en que mires atrás y verás todo lo que has superado y hasta dónde has llegado y eso te llenará de orgullo.

Yo creo en ti, yo sí creo, yo te bendigo, te doy luz, te amo y quiero que seas esa persona tan maravillosa que sé que eres y que llevas dentro, solo tienes que creértelo tú.

Ten a tu mente entretenida y no le des el poder de manejarte, mientras la tengas ocupada, la engañarás, mientras tanto vas cambiando esos patrones que te limitan…

Haz deporte: Sal a la calle, apúntate al gimnasio, haz ejercicio lo que más te guste, estudiar, caminar, andar, correr…lo que más te guste, búscate un trabajo que te llene, cualquier afición que te guste, apúntate.

Si te gustan los animales, hazte voluntari@ de alguna asociación, ayuda a la gente y verás cómo ayudando, también te estás ayudando a ti mism@, porque esa humildad siempre se pega, y te volverá a ti. Solo confía.

Dile tu pareja, a tu madre, a tus amigos, a tus hermanos que los amas, que los quieres, que eres feliz, viendo tu transformación seguramente ya los estas ayudando, y viéndote a ti ellos, verán que hay algo maravilloso que existe y es la fe.

Carta de agradecimiento

Me gustaría que hicieras una carta de agradecimiento a todas las personas las cuales sientes que te han ayudado, y sobre todo, las que no te han ayudado también, porque has sacado un aprendizaje que debes de ser consciente de ello.

Cada persona que se cruza en tu vida tiene un aprendizaje, aparte de la carta del perdón seguidamente tienes que hacer la de agradecimiento, porque no solo perdonas, si no que también agradeces el haber estado en tu vida y sobre todo, en el aprendizaje que te ha dado.

No hay nada mejor cómo ser agradecido

¿Sabes que inconscientemente cada vez que das las gracias te sale una sonrisa de la boca? Puedes decir gracias estando enfadad@ pocas veces, seguidamente te sale una sonrisa sin quererlo porque el **alma necesita el agradecimiento para llenarse de luz.**

Haz estos ejercicios, sin agobiarte, pero sin dejar de hacerlos, poco a poco irás descubriendo algo en ti que no sabías que existía, vas a notar tu transformación en cualquier momento.

EMPIEZA AHORA: no postergues nada para otro día, si esperas a que sea el momento oportuno, ese momento no va a llegar nunca, el momento es ahora

PASOS GRADUALES: no quieras hacer todo en una día, si haces las cosas poco a poco , te irás acostumbrando a ellas y cuando te des cuenta habrás cambiado ese hábito, si quieres hacerlo de la noche a la mañana , lo único que conseguirás es cansarte y lo dejarás.

ESCRIBE TUS METAS: haz una lista de las metas que tienes diariamente, para la semana, mes y año. Así podrás organizarte y tendrás un margen de referencia para conseguirlas.

COMPROMÉTETE: haz las cosas para ti, para superarte a ti mism@ y conseguir aquello que quieres, no te dejes vencer por el miedo y/o por lo que puedas decir los demás. Si crees que debes contarlo, hazlo, pero recuerda que si lo comentas con alguien tienes más compromiso de lograrlo, sino no te tomarán en serio.

ENFÓCATE EN LA META: enfócate en el resultado que obtendrás con todo el esfuerzo que estás reali-

zando, no te centres en los obstáculos que tendrás en el camino, sino no lo lograrás o te costará mucho más conseguir aquello que deseas.

NO TE CASTIGUES: si cometes un error, no te culpes ni te enfades, vuelve a intentarlo. Revisa donde te equivocaste y como puedes corregirlo. Puedes pedir opinión a alguien, o simplemente puedes ver el problema desde fuera, como si tuvieses que dar tú el consejo a alguien de tu entorno.

TRABAJA EL PERDON: Perdona a toda aquella persona en la que en algún momento de tu vida, tuviste algún percance, escríbele una carta de perdón, como si la tuvieras enfrente tuyo, y dile todo aquello que te gustaría pero siempre desde el corazón, y además, pídele perdón, siente aquello en lo que pasó y si en algún momento pudiste evitar la situación, como ya sabes todo lo que nos pasa es según a como actuemos nosotros, y siempre tenemos que hacernos responsables de todo, para tomar conciencia y así poder aprender de ello.

Y ahora, perdónate a ti mism@, por cada error que cometiste, por cada vez que tomaste una decisión equivocada. Nadie nace enseñado, pero lo más importante es darse cuenta de la situación y estar preparad@ para el cambio. Y ese cambio empieza hoy…

"No te darás cuenta de lo que eres capaz hasta que cruces la barrera del miedo"

María José

Resumen

Estamos llegando al final mi queridísim@ lector/a y quiero resumirte todo lo que hemos aprendido.

Somos conscientes que las drogas son muy peligrosas ya que crean una dependencia en la cual es muy difícil de salir, al no ser que sea por ayuda y por mucha fuerza de voluntad, si no te ayudas a ti mism@ nunca vas a poder salir de esa adicción y cualquier persona que quiera ayudarte, no podrá hacerlo si tú no quieres.

Como ya eres consciente de ello y ya sabes el peligro que puedes correr en cualquier área de las adicciones que te he nombrado, me gustaría ir al siguiente paso.

Al co-dependiente, también sabemos que la dependencia es muy traumática, ya que dejas de ser tú para ayudar a los demás.

No te olvides de hacer los ejercicios, pide perdón, agradece, acuérdate de hacer esas cartas en las que te liberas de toda la vida y resentimiento, y agradece, porque dar las gracias siempre te llena de Amor y de Luz. Dile a todas esas personas que están a tu lado, que las amas, que los quieres y que eres feliz de haberlos conocido en algún momento de tu vida.

Aunque una persona ya no esté contigo, hay que hacerla también, porque tu alma se la enviará al cielo, allá donde esté, porque el Universo es todo energía y nosotros nos movemos por ella.

Por eso muchas veces los sentimos, porque están con nosotros, estamos todos conectados. **Empieza a**

cambiar y verás como todo tu alrededor empieza a cambiar.

Me siento feliz de que hayas leído estas páginas, llegado hasta aquí ya que sé que estás más liberad@, más lleno de luz y con más ganas de salir adelante. Sé que me vas a demostrar hasta dónde eres capaz, sé que vas a ayudar a miles de personas con esa luz que llevas dentro y que algún día encontrarás tu propósito para seguir adelante.

Medita todos los días y aplica todas las pautas que te he dicho, agradece en cada momento por todo lo que tengas, por tu vista, por cualquiera de tus sentidos, por comer, por la cama dónde duermes, por tener a tu padre, por poder abrazarlo, por poder mirarle los ojos y sonreírle, a tu pareja, a tus hijos, por cualquier cosa, por respirar…

Tener una adicción, no te perjudica a ti sol@, sino a los que están a tu alrededor.

¿Has pensado en todas las consecuencias que puede tener esa adicción?

¿Has pensado alguna vez en el sufrimiento de tus padres pueden llegar a tener a ver a un/a hij@ destruirse por esa adicción?

Y en tus amig@s, ¿en algún momento has pensado en lo que pueden sentir al ver que eliges un camino donde ellos no saben cómo ayudarte por el camino que has escogido?

Me gustaría que reflexionaras ante estas preguntas y espero que puedan ayudarte a reflexionar.

El hecho de que tengas una adicción, no quiere decir que seas un/a fracasad@. A veces no somos capaces de sentir esas emociones negativas que tenemos en nuestro interior, y nos dejamos llevar por algo que en un primer momento nos alivia, y tu mente te hace ver que es lo que realmente necesitas. No te culpes por eso, no eres ni el/la prime@ ni el/la últim@.

Lo importante es que seas consciente de que estás haciendo algo que no es lo mejor para ti, y reconozcas esa adicción. Una vez reconocida podrás tomar una decisión para liberarte de ella.

Las drogas, el alcohol y/o cualquier adicción que hemos nombrado anteriormente, nos causan seguridad, pero no somos conscientes que algunas de ellas pueden estar llevándote hacia un lugar sin salida y me refiero a la muerte. Siento ser tan sincera, pero necesito que comprendas el peligro que puede llevarte todo esto.

Tu eres el/la dueñ@ de tus emociones, pero lo has olvidado, no te centres en el dolor y el sufrimiento porque lo único que harás será alimentarlo aún más, si en el primer momento tienes un problema y lo solucionas, lo disolverás antes de lo que te imaginas, pero si lo vas postergando solo por el miedo de las consecuencias, lo único que harás aparte de retrasar el momento, mentalmente te agotarás y crearás falsos pensamientos donde crearás una situación que seguramente no existe. Todo esto te lo digo, porque la mayoría de las veces, ante un problema nos creamos un mundo que no existe. En vez de afrontarlo, nos pensamos que puede tener unas consecuencias y en lugar de eso, seguramente no sea tan grave. Al limitarnos con esos pensamientos, comenzamos a crear una realidad distinta y vemos cosas donde no las hay, problemas, personas que creemos que tienen algo en nuestra contra, miedo por ellas…

Debemos de ser nosotr@s mism@s, y no tapar nuestra identidad, aunque te equivoques, nadie es perfecto y si uno quiere puede cambiar y aprender de esos errores que cometemos todas las personas en algún momento de nuestra vida.

En esta vida, nacemos para aprender en todo momento, pero si te refugias en una adicción solamente para aliviar esos síntomas de sufrimiento, tu aprendizaje se estancará, y deberás de sanarlo en otra vida.

Las drogas no son una salida, te harán olvidar las preocupaciones, el sufrimiento, te harán sentirte mejor persona, vas valiente y segur@ de ti mism@. Pero eso solo te durará mientras estés en los efectos de esas sustancias. Lo mejor es aceptar las cosas como son, a veces vienen mejor y otras no tanto. Pero todo tiene solución. Solamente que nos enfocamos en el problema y dejamos de lado cualquier solución que tengamos enfrente de nuestros ojos.

Aunque creas que no puedes hacerlo, no debes de rendirte, has estado mucho tiempo alimentando tu mente y tu cuerpo de algo que no te beneficiaba, y has generado esa adicción por mucho tiempo, ahora es hora de empezar a cambiar esa rutina. Debes de estar segur@ de que quieres cambiar la situación que tienes en este momento y aunque tengas altibajos, ser consciente de porque los tienes.

En algún momento del cambio que quieres hacer, tu mente intentará sabotearte para que vuelvas a tu zona de confort. Y debes estar atent@ para no volver a ese lugar.

No te niegues a esa posibilidad de cambiar tu vida, y estar al lado de los tuyos, yo te ofrezco mi ayuda siempre que lo necesites, en las próximas paginas te daré información para que puedas contactar conmigo cuanto tengas una duda, o necesites hablar de esa adicción.

Piensa en la sonrisa de tus padres cuando te vean feliz y siendo alguien de provecho. Cuando te vean en tu nuevo yo y se sientan orgullosos de la nueva persona en la que te has convertido.

No te rindas nunca por muchos obstáculos que veas alrededor, debes de ser fuerte y tener solo un objetivo…**LLEGAR A LA META.**

Si piensas en volver a drogarte, beber o tener relaciones con cualquier persona, Debes de ser fuerte, y saber en dónde acabarás de nuevo si decides hacerlo. Y sobre todo en el peligro que puedes correr. Enfermedades, ansiedad, depresión…

Todo está derivado a las emociones que sentimos en ese momento, solo hay que saber gestionarlas y controlar las negativas convirtiéndolas en positivas. Ten en cuenta que cuando tú empieces a cambiar todo tu alrededor cambiará también. ¿has odio alguna vez que vibraciones similares vibran juntas? Esto se refiere a que normalmente cuando tenemos unos pensamientos o una forma de ser, nos solemos juntar con personas similares a nosotros, por eso cuando tú estás decaíd@ o eres una persona negativa a tu alrededor solo encontrarás ese mismo tipo de personas.

Pero cuando decidas salir de ahí, y comiences a buscar en lugares donde la gente es de la forma en que tú te quieres convertir, empezarás a notar esa vibración más positiva y la energía que desprenden esas personas, solo debes de seguir ese nuevo camino y no salirte de él.

Debes de darle importancia a tus emociones y empezar a saber gestionarlas, cuando no las aceptas lo único que haces es ocultarlas al exterior, estas se alimentan en tu interior, y poco a poco te van consumiendo, te hablo de las emociones negativas como la ira, la tristeza, el miedo, las dudas… poco a poco irás acumulando más y más estas emociones hasta llegar un momento que no sabrás como digerirlas, es ahí donde tu cuerpo reaccionará de una forma diferente a como estás acostumbrad@.

Te derrumbarás y tu autoestima quedará por los suelos, entonces ya serás carne de cañón para caer en la tentación de esas adicciones.

DEBES TOMAR EL CONTROL DE TUS EMOCIONES, Y CONDUCIRLAS POR EL BUEN CAMINO.

¿Te ha pasado alguna vez que aguantas algo de una persona y llega un momento en el que no puedes más y explotas?

¿Y más tarde te has arrepentido de algo que has dicho y ni siquiera lo sientes?

Eso es dejar fluir las emociones y no controlarlas. Debes de ser consciente del daño que puedes hacer a una persona cuando haces o dices algo. No debes de dejar que te engañen, ni te humillen y te agredan, etc. Mas tampoco debes de hacerlo tú.

En el caso que estés con una persona adicta, sabes que habrás aguantado demasiadas cosas, pero sabes que has aguantado todo lo que tú has querido, no debes de hacerte la víctima en ningún momento. Ya que la única persona responsable siempre eres tú. Ese es el primer paso para tu cambio. Por mucho daño que te hayan hecho, debes de ser consciente que ha sido solamente porque tú lo has permitido.

Te voy a contar algo:

Yo estuve con una persona que era adicta a la cocaína, aguanté demasiadas cosas, humillaciones, agresiones no físicas, pero si verbales, amenazas de dejarme, desprecios, entre otras cosas. Me hizo sentir la persona más miserable de este planeta, tanto que estuve unos cuantos años si poder acercarme a un chico. Y si se acercaba lo espantaba. Me daba pánico quedarme a solas con un hombre.

Hasta que comencé a conocer y estudiar unos principios universales en los que comprendí que todo sucede por alguna razón, según el enfoque que tú le des, así gestionarás tu vida.

Si estás con una persona adicta y solo haces que quejarte para que alguien te entienda y te ayude, lo mejor es que te vayas de donde estés. sé que no es fácil dejar a una persona que has compartido demasiado tiempo y crees amarle. Pero si eres sincer@ contigo mism@, verás que ese amor lo mismo ni existe.

A mí, personalmente, me ataba un sentimiento de querer ayudarlo, y sentía que era el hombre que iba a estar conmigo toda la vida. Sus propios amigos intentaron hacer que yo abriera los ojos, pero no hubo forma, estuve encerrada en mis emociones, hasta que un día comprendí que estaba perdiendo el tiempo con esa persona. Él vivía feliz con lo que hacía, o por lo menos eso creería él. Pero yo era más adicta a él que él a su adicción. El amor que le tenía al principio ya no existía, no teníamos relaciones, nos pasamos meses y meses sin tenerlas, solo discutíamos, (siempre por el mismo tema) era una obsesión, de querer ayudarlo para ver si así lo nuestro funcionaría como cualquier pareja enamorada. Hasta que un día te das cuenta que solo sientes un cariño que ni siquiera es para compartir de por vida.

Fue triste reconocerlo, pero al mismo tiempo liberador. Cuando estás enfocad@ en algo que no existe, lo único que puede pasar es que sufran las dos personas. No debes de ser egoísta, porque lo mismo esa persona también necesita ver que tú te has ido de su vida para reconocer que algo no anda bien.

Dicen que uno no sabe lo que tiene hasta que lo pierde. Y eso es lo que puede pasarle a tu pareja al irte de su lado, pero si de verdad lo has amado, lo mejor que puedes hacer por él, es desearle el bien y bendecirlo. Tus oraciones llegarán al universo, a dios o como tú lo llames. No le guardes rencor por algo que no ha sabido gestionar. Es una persona que no ha sabido controlar sus impulsos y ahora si cambia será una persona diferente, ten en cuenta que tú has sido una persona muy importante para él/ella todo ese tiempo. Debes de buscar el aprendizaje de todo el tiempo que habéis pasado juntos, y sacar todo lo positivo de esa relación.

A veces nos enfocamos en el sufrimiento y en los problemas que hemos pasado con nuestra pareja, amig@ o persona que este con esa adicción y lo único que nos está haciendo es dar una lección en donde más lo necesitamos.

Por ejemplo, si tú con tu pareja, con tu herman@, con tu amig@, con esa persona adicta, te has comportado de una forma en la que no te has hecho de valer, tus sentimientos al principio serán frustrantes, ya que te sentirás una persona la cual se han aprovechado de ti, y te han utilizado. Pero si le das la vuelta a esa situación, y comprendes que lo único que no has hecho es valorarte, entonces comprenderás el porqué del aprendizaje. Debes de poner límites y hacerte de valer. Si tienes que alejarte de tu pareja, de tu amig@ o de algún familiar, hazlo.

Haz los ejercicios que he compartido contigo, y libérate de todas emociones que te causen dolor, aprende a gestionarlas y no dejes que controlen tu vida, lo único que harás es ir por el camino equivocado. Da igual que seas adicto o co-adicto, has sufrido por igual, y solo es a causa de algún sufrimiento que has tenido en algún momento de tu vida y no has sabido gestionarlo. **Libérate de ese dolor y aprende a vivir sin depender de nada y de nadie.**

Me gustaría que seas una persona libre de adicciones y que a partir de ahora tu única obsesión sea construir una nueva vida llena de bendiciones. Sé que eres una persona única en la tierra, has venido aquí por alguna razón, y no es la de sufrir, esa misión es ayudar al mundo a cambiar, y que mejor forma que te vean tu cambio personal y luego ayudar a que otros lo hagan también. Una persona no demuestra con palabras sino con el ejemplo.

Me siento feliz que hayas llegado hasta el final, ya que significa que has reflexionado sobre todo lo que he compartido contigo, recuerda que no debes de dejar que nada ni nadie te limite, tú tienes el absoluto control de tus emociones, y ellas te guiarán hacia el camino que tu elijas. Encuentra tu camino hacia un lugar prometedor. Recuerda quien eres y que has venido a hacer.

Quiero que seas consciente de todo lo que se mueve en este mundo, no mires al pasado, porque el pasado ya no existe. No te arrepientas, porque hoy empieza tu cambio, tú eres el/la dueñ@ de tu vida y hoy has decidido cambiar, nada ni nadie tiene que condenarte ni tú, ya te has perdonado con esa carta de perdón, ya te he perdonado y te has comprometido a salir adelante y dejar esa dependencia. Hazlo por ti y hazlo por mí, porque si tú eres feliz todo el mundo será feliz y yo también soy feliz.

Mírate en el espejo todos los días y no dejes de decirte lo bien que te ves sonriente y mandate besos, abrazos, en el momento en que necesites darte un beso dátelo, en el brazo, en la cara, en las manos, donde sea, delante del espejo lo que sea, pero mírate a los ojos y que ese brillo vuelva a salir.

Habla con tu niñ@ interior, recuerda que esa/e niñ@ te necesita, esa/e niñ@ un día sufrió y tú tienes que curarl@, tú tienes que ayudarle a salir adelante, dile dónde estás, como llegaste a ese momento, no dejes que tenga miedo, y asegúrale que todo va a estar bien, sana todo aquello que un día te causó dolor, y una vez lo liberes, todo será distinto

Dale la mano y no lo sueltes nunca cada vez que tengas un problema o una situación difícil piensa en él, cógelo de la mano y dile:

- Juntos vamos a llegar y lo vamos a solucionar.

Adelante, sigue hacia ese cambio y no te rindas, piensa en el Padre que te guía, en el Universo, en Dios, en aquello que tú creas… llénate de Fe y de esperanza porque tú eres la persona que vas a cambiar.

Etiquetas: elimínate todas las etiquetas que tenías y aplícate las nuevas, en las que te motiven. repasa tu vocabulario y toma conciencia de las etiquetas que te pones a diario, yo soy….

Si la frase acaba en algo negativo cámbialas a positivo, hasta creértelo, llegará un momento en que esa nueva etiqueta se hará realidad.

No lo dejes para mañana, si dices, mañana empiezo te aseguro que no lo harás. Empieza ahora a aplicar todo lo que te digo y comprobarás ese cambio que tanto te repito, me gustaría que lo compartieras conmigo y con la gente que necesita tu mensaje para poder realizar ese cambio gracias a ti..

Empieza por algo pequeño, y poco a poco ves añadiendo pautas a tu nueva vida.

Te mereces ser libre de esa esclavitud, no necesitas a nadie y menos una sustancia o esa adicción para sobrevivir nada más que a ti. Lo demás es secundario.

Comprométete con tu cambio, date tu palabra y no te falles a ti mismo, aquí tienes un contrato donde te comprometes a salir de esta situación.

No dejes de recomendar este libro, si conoces a alguien que pueda ayudarle. Y si te ha ayudado a ti y quieres compartirlo conmigo, hazte una foto y envíamelo a la siguiente dirección.

mjmonfo@gmail.com

Yo____

Me comprometo a cambiar mi actitud, y realizar los ejercicios indicados, con el fin de acabar con esta adicción.

Doy mi palabra que voy a poner todo de mi parte, que no voy a tirar la toalla.

Cuando sienta que las fuerzas se van debilitando, daré un impulso para seguir avanzando.

Mi nuevo camino es el de la felicidad, y nada me condiciona. Yo una persona nueva. Llena de salud y de amor hacia mi persona.

Me amo me cuido y me respeto.

Me comprometo a buscar mi propósito, y crecer interiormente.

Yo quiero hacerlo, yo puedo hacerlo y yo soy capaz de hacerlo. Porque ahora ya nada me impide avanzar.

Hoy comienza mi cambio y lo voy a demostrar.

Fecha _________ / __________ /__________

Firma_______________________________

Una cosa mas antes de acabar

Mi queridism@ lector/a,

Antes de que acabemos este libro, quiero contarte algo más.

Como ya sabes, yo he sufrido dependencia emocional en varios aspectos de mi vida, pero afortunadamente salí de ese estado, y de eso es de lo que quiero hablarte un poco más. Cuando tuve mi punto de quiebre, fue cuando empecé a moverme, yo ya tenía en mis manos un libro que me ayudaba, pero que cada vez que las cosas me iban bien, lo dejaba a un lado. Estuvo mucho tiempo en el mismo sitio donde lo dejé y ni siquiera lo veía. A partir de tocar fondo, fui para mi habitación y allí estaba, lo cogí, lo abrí, y en esa página estaba mi mensaje.

Cuando el alumno está preparado, aparece el maestro.

Y ahí estaba él, desde ese día no solté mi libro, me estudié toda su saga, veía los videos del autor que publica todos los días en Facebook y/o en YouTube. Esa energía que desprende se contagia y te anima a seguir, a no abandonar.

Me metí en el grupo de Facebook que tiene, con tod@s los que leemos sus libros, y allí vi que ponía una chica que quería hacer un grupo de WhatsApp, para el estudio de uno de sus libros, mi mente me decía que no, que no iba a ser capaz, pero yo me inscribí, ahí fue donde conocí gente maravillosa, y hoy son mis amigas.

Acudí a uno de sus eventos y allí conocí a más de 1000 personas maravillosas. En el segundo evento fue donde me inscribí a su mentoría y aquí estoy, con mi libro gracias a él. Si quieres tener un gran cambio en tu vida, te animo a que leas su saga al completo, te aseguro que va a cambiar tu vida. En sus libros conocerás los principios de las leyes universales explicada de una forma muy desarrollada para que puedas entenderlos a la perfección, y aparte de eso muchas cosas más que descubrirás por ti mism@. Te invito a leer la saga de **LA VOZ DE TU ALMA**

Laín García Calvo, quiero darte las gracias por la persona tan maravillosa que eres. por ayudarme a cambiar, y por todas las almas imparables que he conocido gracias a ti.

Te amo. Gracias gracia gracias

¿Y ahora que?

Querid@ lector/a:

Hemos llegado al final de este libro y estoy realmente feliz que me hayas acompañado todo este tiempo.

No tengo palabras para agradecerte todo este tiempo que has dedicado a mis palabras y ejercicios, sinceramente te doy la enhorabuena. Sé que, si aplicas todo lo que he compartido contigo, tu vida comenzará a cambiar, recuerda hacerlos paso a paso, no te agobies por ellos, más vale ir incrementándolos poco a poco e ir avanzando que hacerlos todos a la vez y cansarte. Ese no es mi propósito.

Mi propósito es que avances, y que aplique todos estos ejercicios de una forma considerada. No los postergues, hazlos a diario.

A lo largo del libro te he comentado los otros libros de mi trilogía **No te aferres a la vida ¡VIVELA!**

No te aferres a la vida ¡VIVELA! Es el primer libro y tiene el mismo título que la trilogía, en él te hablo de la dependencia emocional, allí podrás encontrar varios tipos de dependencia emocional y saber cómo poder salir de ella. Recuerda que no dependes de nada ni de nadie.

Un adolescente SIN RUMBO este libro habla sobre la adolescencia, la etapa del cambio de niño a adulto, todos hemos pasado esa etapa de nuestra vida, y que mejor que comprender a nuestros hijos y que ellos nos comprendan a nosotros. A parte de orientarles en su nuevo rumbo sin que se pierdan en el camino.

Todos en algún momento de nuestra vida hemos pasado por algún tipo de dependencia y a veces no somos conscientes, en esta trilogía conocerás la dependencia emocional, en varias áreas, y además de ello, encontrarte con tu adolescencia, y sanar todo aquello que en algún momento te causó alguna herida.

Si más, me despido querid@ lector@, si te he ayudado no dudes en ponerte en contacto conmigo, y cuéntame tu historia estaré encantada de escucharte.

Te deseo una vida de bendiciones.

Te amo

"Recuerda elegir bien el camino, y por muchos baches que intenten limitarte, siempre habrá una salida".

Trilogía **No te aferres a la vida, ¡VIVELA!**

Si no tienes la trilogía completa ponte en contacto conmigo para poder adquiridla en:

www.noteaferresalavidavivela.com

María José Martínez Alberola